智元微库
OPEN MIND

成长也是一种美好

表现力

快速影响他人、成就自己的艺术

Leading from Your Best Self:
Develop Executive Poise, Presence, and Influence to Maximize Your Potential

[美] 罗布 · 萨拉菲亚（Rob Salafia）著　坰 清 译

人民邮电出版社
北京

图书在版编目（CIP）数据

表现力：快速影响他人、成就自己的艺术 / (美)罗布·萨拉菲亚 (Rob Salafia) 著；垌清译. -- 北京：人民邮电出版社，2021.5
ISBN 978-7-115-52229-0

Ⅰ. ①表… Ⅱ. ①罗… ②垌… Ⅲ. ①领导学 Ⅳ. ①C933

中国版本图书馆CIP数据核字(2021)第001103号

◆ 著 [美] 罗布·萨拉菲亚（Rob Salafia）
译 垌 清
责任编辑 王振杰
责任印制 周昇亮
◆人民邮电出版社出版发行 北京市丰台区成寿寺路 11 号
邮编 100164 电子邮件 315@ptpress.com.cn
网址 https://www.ptpress.com.cn
大厂回族自治县聚鑫印刷有限责任公司印刷
◆开本：880×1230 1/32
印张：10.25 2021 年 5 月第 1 版
字数：205 千字 2021 年 5 月河北第 1 次印刷
著作权合同登记号 图字：01-2019-3826 号

定 价：69.80 元

献给我的妻子帕梅拉和我的女儿玛雅，

和你们一起，创造最神奇的故事。

赞 誉

《表现力》出自一位堪称完美的艺术表演者、一位领导力教练，他对领导力发展做出了卓越贡献。这是一部实用性、可操作性都很强的促进个人和机构成长的手册，读来引人入胜，定然会让你渴望阅读。

——马歇尔·戈德史密斯（Marshall Goldsmith）

《纽约时报》畅销书作者

《表现力》在培养领导表现力、增强影响力方面是一本令人信服的好书。罗布是一位优秀的故事讲述者，依靠自己在艺术表演方面的造诣，教会我们很多技巧，这些珍贵的经验会让你成为一名卓有成效的领导者。

——凯文·克鲁泽（Kevin Kruse）

Leadx 公司首席执行官

很多关于领导力的书会这么讲："对大多数人来说，有效的方法是……"，但罗布·萨拉菲亚却这么说："我们来一起寻找、共同发现什么样的办法最有效。"《表现力》是为你量身定制的领导力成长计划，让你成为你能够成为的、最好的领导者。

——保罗·史密斯（Paul Smith）

畅销书《销售就是卖故事》作者

罗布的新书将向读者展示如何发现、欣赏并保持最好的自己，他揭示了如何利用自己的天然优势和自然禀赋来培养领导力，并指导读者在日常生活及工作中保持这些行为。

——安妮·莫里尼亚诺（Anne Molignano）

索尼音乐娱乐公司人力资源部高级副总裁

罗布的合作者都是优秀的领导者，现在罗布通过这本书将他关于提升领导力的智慧倾囊相授，让你有机会发挥自己的全部潜能。

——乔舒亚·马戈利斯（Joshua Margolis）

哈佛商学院工商管理教授

推荐序

激发自我潜能、持续提升影响力是我们所有人的愿望，这大概也是你被本书吸引的原因。罗布把自己过去从事表演艺术的经历与当前从事领导力培养和管理者培训的体验相结合，创作了本书，希望能帮助你提升外在表现力，增强影响力，从而更好地展现领导力。

我在麻省理工学院做管理人员培训并为研究生上课至今已有40多年，在过去的15年里，我一直教授领导力课程。认识罗布这10多年来，我们在商业咨询领域和学术领域有过不少合作，每年我都会邀请罗布讲课。他的课内容精彩、观点突出。罗布很有见地，虽然上课时间只有短短90分钟，但学生们反响热烈。下面是一些学生的反馈。

- “我使用罗布教的技巧。我没有把自己假装成其他人，相反，我是在表现更多面的自己。这是领导者表现力的一部分。”
- “这堂课对我产生了巨大的影响，罗布让我知道培养表现力、精彩地讲述故事以及与他人建立真正联结的重要性。”

很多人都渴望成为更好的领导者。这段时间，我正在和一位首席执行官合作，帮助她设计针对团队成员的领导力培训计划。在与团队成员谈论他们所需的技能时，大家一致认为领导者表现力和声音最重要，因此，我把罗布及他在书中提到的观点作为这个领导力计划的重要组成部分。

领导力的基础是自我意识，领导力需要探究、反思和反馈。本书每一章都会为读者介绍一些基本工具，并通过反思和练习进一步为读者提供指导。很多章节还提供了练习指导，例如第二章中的“呼吸—联结—沉着”练习和第五章中的“临在且开放”练习。罗布还设计了反思过程的练习来帮助读者审视“最佳自我时刻”。

领导力需要一种终身的、自我指导式的学习。正如领导力培训班里一位首席执行官所言:“最关心你发展的人是你自己，你需要自我激励。”在本书中，我希望你利用一切机会不断学习。请仔细阅读并完成罗布提供的练习，相信你会为自己的收获感到欣喜!

格洛丽亚·舒克（Gloria Schuck）

哈佛大学教育学硕士及教育学博士

麻省理工学院讲师

于马萨诸塞州，沃特敦

前 言

也许你遇到过以下情况。

- 尽管你思维敏捷、技术过人，却总是与升迁机会失之交臂。没人能准确地说出你究竟存在什么问题，但这个问题足以让你裹足不前。
- 你是管理者，团队中有人凭借潜力脱颖而出，他在努力表达自己的观点。你想找机会和他深入沟通。
- 你特别渴望有所作为，这不是钱的问题，你希望有人引导你，给你带来灵感。

如果你认同上述说法，那么祝贺你，本书将帮助你认识自己、发展自己，并带领你在工作、生活中善用自己最本真、最具天分的部分，让你与众不同。

为什么镇定自若及临在[①]很重要

答案很简单，因为别人正是基于我们的外在表现以及在工作环境和文化中的驾驭能力对我们做出评价的。负责员工升职安排的管理者要在内心回答以下问题：有证据表明这个人可以升职吗？其他人能认可他的想法吗？此人能融入团队并影响团队决策吗？

而更重要的是我们的内在动机以及我们内心深处对过一种真实生活的需要。通过培养领导表现力，我们不仅能使他人对我们的感觉更好，还能过上想要的生活。

如何阅读本书

本书将帮助你思考：自己在他人眼中的形象是怎么样的，如何与他人互动以及如何领导他人。本书所有章节均可独立阅读，因此读者可以根据自己的喜好，选择与自己联系最紧密的章节开始阅读。本书的示例和故事均源于作者作为表演艺术家及商业教练的职业经历，或许你会发现，挑战无处不在，而所有挑战都相互关联。

---

① 临在（presence）指有觉察力地安住于当下。活在当下，活在每一刻中。——编者注

全书概览

我先简要介绍一下本书的主要内容。

引言

植根于舞台表演艺术

这部分内容是我写给读者的一封公开信，信中讲述了我作为一名表演艺术家的经历，介绍了借鉴舞台表演方法帮助我从最好的自己出发施展领导力的原因和方法。

成为一个卓越的人

在这部分，我将和读者分享精通一项技能的路径，这是几个世纪以来表演行业从业者一直在采纳的被称为“学徒模式”的学习路径。这种模式表明，无论在什么领域，个人专业的发展都是分阶段进行的。学徒模式发展路径依赖专业教练和专业指导，在踏上个人发展路径时，此模式对你会有所帮助。

第一章　与众不同的艺术

这一章，我把“最佳自我”这一概念放在积极心理学的背景下讨论。依靠培养自己与生俱来的品质和天分，每个人都有能力使自己出类拔萃。这一章用一些具体案例阐述这一观点，读者将学着了解自己的长处，进而让自己卓越出众、非同一般。第一章的核心内容包括淬火考验、标志性姿势以及让观众听到自己的声音等。

第二章　沉着的艺术

这一章我们将讨论“沉着”（landing）的概念，沉着是一个人构建自若仪态、增强表现力和发挥敏捷领导力的基础。沉着不仅仅意味着要进入角色，它更是一种优雅的、能积极回应的、能让别人感觉轻松的品质，它能让领导者在巨大的压力和不断变化的情况下做出决定。本章我们将探讨如何发现临在的信号以及如何构建真实自我等内容。

第三章　扩展的艺术

这一章我们将探索如何将表现力扩展到自己及他人的经历中，寻找真实的声音，成为最好的自己，以及如何创造空间让他人也成为最好的自己。

第四章　将表现力扩展到冲突中的艺术

这一章我们将探讨更高级的挑战，即把自若仪态和表现力带入冲突中，这样，我们就能在获得声誉、增强信任、降低风险和提高业务方面获得巨大回报。

第五章　身体表现力和声音表现力的艺术

本章将讨论面部表情和身体姿势传递的信息，并增强人们对这些信息的意识。大家将学习如何培养自然状态下的得体微笑，学习如何让自己临在、如何敞开心扉以及避免力量流失。我们还将探讨如何把这些技能运用于日常生活和公开演讲中。

第六章　改变的艺术

本章，我们将介绍两种最重要的变化，一种是日常互动和活动中的小改变；另一种是职业生涯中的巨大转变。

在舞台上，改变往往是焦虑产生的原因，也是剧情的焦点。如果我们想在日常生活、工作中取得成功，那么关注变化至关重要。

第七章　自我发现和真实性的艺术

本章我们将探讨“真实”的概念。我们将引入自我发现的路径，为培养自我真实的领导力奠定坚实的基础。

第八章　联系与联结的艺术

本章将探讨联结的不同层次以及这些层次如何阻碍或促进目标达成。我们将讨论信任基础、与他人真实联结的秘密、“多重身份”概念，以及作者对迈向一体化生活的思考和见解。

第九章　故事分享、故事讲述和意义创造的艺术

本章将审视讲故事的力量，并将其视为领导者做出改变的重要工具。我们将介绍故事分享和故事讲述的区别与联系，探讨做文化和意义上的领导者意味着什么。此外，如何构建一个好故事以及如何成为一个好的故事讲述者也是我们要介绍的内容。

第十章　发挥影响力的艺术

本章将帮助读者了解一个组织机构内影响力和权力的来源。我们会继续把重点放在构建个人权力上，这是领导者创造有意义行动的最可持续的方式。本章还将探索一些重要的沟通工具，通过运用这些工具，你使他人对你的想法和指导保持开放与接纳的心态。

第十一章　引领变革的艺术

这一章将为读者提供一些现实中的例子，阐述在引领变革的过程中，领导者应当如何使用隐喻、讲故事以及其他各种叙事方法。

第十二章　伟大的演讲艺术

这一章将与大家分享一些面对观众时我最难忘的时刻，以及一些我最喜欢的商业教练经历，尤其是在做好曝光度很高的批判性演讲方面，我总结提炼了故事涉及的原则和做法，读者可以在演讲的准备阶段或演讲报告阶段加以实践。

第十三章　创建学习型组织的艺术

最后一章，我通过与合奏乐队做比较，为读者创建学习型组织提供了一种令人振奋的模型。乐队合奏提示我们应当采用新的方法来考虑学习对个人、团队和组织的意义。本章还为读者提供了各种工具，这些工具可用于培养团队和组织内的学习文化。

目　录

引　言　/ 1

植根于舞台表演艺术　/ 1

成为一个卓越的人　/ 7

跨越鸿沟　/ 14

我的邀请　/ 15

第一章　与众不同的艺术　/ 17

心理学基础　/ 20

展现最好的自己　/ 22

保持最佳状态　/ 23

经历“淬火”的考验　/ 24

走向卓越的秘密　/ 24

发现令你与众不同的关键要素　/ 27

治愈旧伤　/ 30

第二章　沉着的艺术　/ 33

临在的信号　/ 36

放下与沉着　/ 41

卓越心态 / 41
承诺行动 / 43
与呼吸保持联结 / 44
临在是一种选择 / 46
培养镇定自若的气质 / 53
不可否认的好处 / 56

第三章 扩展的艺术 / 57
他人对我们有何感受 / 59
与我们在一起时，他人对自己有何感受 / 63
我们离开后，他人如何讲述关于我们的故事 / 67
找到自己的声音 / 70
旅程刚刚开始 / 73

第四章 将表现力扩展到冲突中的艺术 / 75
根除功能障碍，从你自己开始 / 78
培养韧性 / 78
大失败—大恢复 / 79
“是金子，杰瑞，是金子！” / 82
反思：重要时刻 / 88

第五章 身体表现力和声音表现力的艺术 / 91

情感和表达意识的建立 / 93

不说话时，我们的面部表情传递出什么信息 / 95

培养自然状态下的得体微笑 / 97

扩展身体表现力 / 99

力量流失 / 102

当你呼吸时，你的观众会和你一起呼吸 / 103

入场 / 104

标志性姿势 / 106

视觉化的力量 / 110

找到你的火花 / 111

扩展声音表现力 / 112

使语言生动 / 114

演员的秘密 / 117

第六章 改变的艺术 / 119

每日变化 / 122

实现转变以领导他人 / 129

第七章 自我发现和真实性的艺术 / 139

像艺术家一样去领导 / 142

别理窗帘后面那个人 / 143
多重身份 / 145
做一个挖掘故事的“考古学家” / 146
你的领导力之旅的下一篇章 / 155

第八章 联系与联结的艺术 / 169
关系的层次 / 172
把所有部分关联在一起 / 180
立即联系 / 183

第九章 故事分享、故事讲述和意义创造的艺术 / 185
讲述的力量 / 188
该行动了 / 190
情绪与什么有关系 / 191
文化和意义的领导者 / 191
故事讲述的艺术 / 192
成为一个故事讲述者 / 195

第十章 发挥影响力的艺术 / 211
权力从何而来 / 214
影响力框架 / 216

实现良好沟通的关键 / 218
意图的力量 / 225
准备 / 229

第十一章 引领变革的艺术 / 235
通过叙述引领变革 / 238
快速采纳新的工作方式 / 239
为什么，如何做，是什么 / 242
行动的愿景和战略 / 245
现在轮到你了 / 249

第十二章 伟大的演讲艺术 / 255
回炉再造 / 257
准备、承诺、领导 / 261
在字里行间做领导者 / 266
演讲是你不断尝试提高自己的方式 / 268
奥普拉·温弗瑞的获奖感言 / 270

第十三章 创建学习型组织的艺术 / 273
合奏心态 / 275
是团队还是工作小组 / 278

你领导什么　/278
行动后回顾　/282
反思与讨论　/283

结语　最后一点想法　/ 287

附录　我最喜欢的图片　/ 295

参考文献　/ 299

致谢　/ 303

关于作者　/ 305

引　言

植根于舞台表演艺术

心理学家阿尔伯特·班杜拉（Albert Bandura）在其社会认知论研究中说过，舞台表演能够有力地激发自我效能，即帮助人们树立信心以完成某个任务，或帮助人们建立信念以便在特定情况下取得成功。在商界，这种能力被称为自信。自信对事业成功至关重要。我曾经是艺术表演专业人士，如今是商界领导力教练，在本书中，我把我在舞台表演和领导力教练这两个领域的经历合二为一，将我的诸多经验及教训生动地呈现给你，并向你展示如何将其应用于工作和生活中。

第一幕

我职业生涯的前半段在艺术表演领域度过。那段时间，我辗转于北美各地，表演一种独特的单人综艺节目。故事讲述一直是我当时表演的核心内容。1977 年，我参加了在田纳西州琼斯伯勒市举办的“全美保存和延续故事讲述”大会，那时我对这种艺术形式充满激情，表演者可以捕捉观众的所思所想，并在观众心中树立持久而生动的艺术形象，这种令人惊叹的表现力深深吸引着我。图 0–1 是我对故事讲述这种艺术形式最初也是最有趣的印象：麦康奈尔博士站在他的医药车前，一边投掷旧时的蛇油，一边讲述各种离奇的故事，观众听得云里雾里。

图 0–1　麦康奈尔博士和他的老式医药车

舞蹈、哑剧和马戏等艺术形式也是我感兴趣和擅长的领域。图 0–2 是我在埃德蒙顿街头表演艺术节主秀场表演时拍摄的。图 0–3 拍摄于我从事表演艺术的第一年。

图 0–2　1990 年埃德蒙顿街头表演艺术节，罗布在表演踢踏舞

图 0–3　罗布在马萨诸塞州波士顿法尼尔厅扮演街头小丑

我还追随著名的舞蹈家学习了踢踏舞，这些舞蹈家包括格雷戈里·海因斯（Gregory Hines）、莱昂·科林斯（Leon Collins）、史蒂夫·康多斯（Steve Condos），吉米·斯莱德（Jimmy Slyde）以及其他来自纽约、洛杉矶、波士顿和费城的传奇人物。1989 年，我获得了向著名踢踏舞表演艺术家霍尼·科尔斯（Honi Coles）学习的机会，这位艺术家的团队以卓越、自主和勇敢著称。20 世纪 80 年代初期，我与朋友乘出租车去位于哈莱姆街 125 号的号称“小天堂”的夜总会，当时我们受到巴斯特·布朗（Buster Brown）的邀请，在一个由 16 人组成的爵士乐团前跳舞。鼎盛时期，“小天堂”的名气仅次于棉花俱乐部，这段经历非常令人难忘。

同时，我还成为一个走钢丝的人（想想菲利普·珀蒂[①]，他曾走钢丝穿过世界贸易大厦……那里那么高），我学会了挑战自我，并克服了内心深处对高度的恐惧。

少有人走的路

我的艺术表演之旅始于 1978 年。当时我大学毕业，没有选择从政，而是开始了对舞台表演艺术的探索。那年冬天，我学会了杂耍，并开始进行小规模演出。

当时我想学习更多表演技巧，就找到了一位极有天赋的老师，他的名字叫托尼·蒙塔纳罗，他经常在缅因州为专业艺术表演人员举办暑期培训班。我报名参加了他为期三个月的哑剧培训和故事讲

---

① 菲利普·珀蒂（Philippe Petit），法国高空走钢丝艺人。——编者注

述培训。报名参加培训班对我来说意味着巨大的承诺，而我也非常渴望能证明自己。

当时我们在一个谷仓里上课。那天早上，我面对谷仓大红色的墙壁练习抛接三个印度瓶[①]。我们使用的是自制的印度瓶，这种道具非常粗糙笨重。不过令我自豪的是，我可以同时抛接三个以上印度瓶，我想通过练习抛接印度瓶完善一些基本动作。

没有任何征兆，托尼走进谷仓，并径直向我走来。他停下来看了看我，然后说了一句话："萨拉菲亚，你看起来不像表演者。"说完他就走了。

现在回想起来，当时我大概就是想引起他的注意。他的话起先让我感到非常震惊，然后让我异常沮丧，到最后却让我激动了起来，我想至少他注意到我了。那一整天，他的话一直在我耳边回响。我抛接印度瓶做得好不好并不重要，或者说至少没有我之前想的那么重要。托尼认为我不像一个表演者，他的话有几分道理，他抓住了我早期训练的特点。也就是那个时候，他让我明白自己还有很多功课要做。现在我才意识到，通过简单一句话，托尼为我打开了自我发现的大门，他让我开始考虑我想要的是什么、什么能够激励我成为真正的艺术家。

* * *

现在请你回想一下，你最近一次获得有关自己是否临在的反馈

① 一种一头粗一头细的酒瓶状道具，起源于印度。——译者注

是什么时候？这种反馈是否具体、是否可操作？还是说反馈本身含糊不清，就像托尼对我说的那句话？你当时是如何回应的？是不是马上想进行自我辩护？这种反馈是否让你感到震惊？它是否让你想深入探索自我？

作为一名表演艺术家，我决心在新的艺术领域找到自己的位置。我总感觉有一个内在驱动器促使我向前。后来我拜访了不少老师，还加入了一家踢踏舞公司，最终成为一名街头表演艺术家，还编了舞台剧。在此期间，我获得了很多新技能。当然我偶尔也会出错、失败，但我从中学到了很多东西，培养了属于自己的风格。这是一个不断学习的过程，当我回顾我的舞台艺术生涯时，我感觉那时候我每天都在吸取经验教训，比如下面这些经验。

- 成为学习机器。
- 培养耐心。
- 练习谦逊。
- 做你想做的。
- 带着所有经验表演。
- 原谅你自己。
- 简化。
- 让观众参与进来。
- 呈现自己的弱点。
- 每天都要做最好的自己。

第二幕

如今，在体验式学习培训中，我是发言者、演讲者、主持人，同时，在麻省理工学院职业发展中期工商管理硕士（MBA）课程中，我是执行教练，这些经历让我有幸与一群背景各异、水平一流的全球领导者共事。一些参加麻省理工学院领导力培训的人说，他们想通过培训体验一些自己想体验的东西。他们当中有些人目标明确，而另一些人则漫无目的。

有些人来学习是为了提高自己的技能，而另一些人显然还有更远大的目标。对大多数人而言，参加培训是他们职业生涯中的一个暂停阶段，也是他们事业转型的开始。我的工作就是倾听并帮助他们寻找线索，找出他们在个人职业发展中的位置，为前进路上的他们助一臂之力。

我希望你能从这本书中获得动力，希望你能暂停片刻，深刻反思自己的职业发展路径。

成为一个卓越的人

当看到有人展现出自然、自信的表现力时，我们会认为他们天生如此。而事实上很少有人如此幸运，大多数人都是通过后天的刻苦训练、准备、试验，才让自己达到这种状态的。

高管们往往要花费大量时间准备完美的 PPT 来应对战略沟通、

演讲报告、演说推销等活动。他们辛辛苦苦地创建包含大量数据的图表，夸张地说，如果没有放大镜，下面的观众根本没办法看清楚 PPT 上的内容，更不用说知道片子的第十行是什么了。在会议开始前，他们将所有材料放入公文包，信誓旦旦地说要在前往会议室的途中熟悉讲稿。你认为他们的演讲效果会如何？

而训练有素的表演者采取的策略恰恰相反，他们知道，真正起作用的不是所要表达的内容，而是以什么样的方式将想要表达的内容表达出来。

他们深知，如果想在观众面前表现自然，如果想让传递的信息很好地落地，那么就需要不断练习和实践。他们把注意力放在自己的大脑、心态和身体上，让声音和身体更灵活，做好进入角色的充分准备并让角色和自己融为一体，然后登上舞台，站在应该站的位置上，把台词自然地表达出来。他们学习如何放松，如何吸引观众的注意，如何与其他演员以及台下的观众自然、真实地互动。他们知道临在既是一种选择，也是一种必然。

假如提到马戏团的杂技演员，你脑海里闪现的可能是某个能量满满的演员，他身体强壮且灵活，目标清晰。观众很容易分辨出杂技演员，因为他们传达出的信息就是：“我来这里就是为了让你眼花缭乱”，而且他们在传达这些信息时不需要说一个字！

回想一下你在工作中见到的天赋异禀、表现自然的人，他们究竟为什么不用说一个字就能传达出“领导者”的信息？

我知道的伟大的表演艺术家都有如下特点。

- 对自己做的事充满热情和激情。
- 有学习心态，知道如何跟着教练学习。
- 知道练习的重要性，并创建了学习体系。
- 准备工作无可挑剔。
- 知道如何吸引观众，了解他们对观众的影响。
- 努力在每一场演出中都展现最好的自己。
- 从不轻视任何一场演出。

建立学习体系

许多表演者选择沿袭传统道路，通过向大师学习来提高自己的技艺。学徒学习模式包括四个阶段：

（1）新手；

（2）学徒；

（3）熟练工；

（4）大师。

在刚刚进入某个艺术领域时，所有人都是新手。新手是指对某种艺术形式表现出初始才华，并正在寻找入门方法的人。这是艺术表演之旅中最不确定、大多数人最容易选择放弃的阶段。在这个阶段，最重要的是能获得恰当的鼓励和适宜的支持，使学习过程富有生趣，并且还能体验一点成功的滋味。目标明确、能尽快度过新手阶段非常重要。

就我的经历来说，20 世纪 80 年代中期，我在波士顿地区演出。那时我听说当地有一个以马戏团为主题的音乐剧，经过一番努力，我幸运地获得了一次试镜机会。

令人欣喜的是，我通过了试镜，得以出演该音乐剧的主角。工作人员通知我与导演面谈。导演名叫比尔·芬利（Bill Finlay），以前是马戏团走钢丝的演员，现在是纽约州北部联合学院戏剧系主任，当时他开出很好的条件邀请我加入。他说他一直想把走钢丝艺术放在音乐剧中，如果我愿意学习，他会想办法将走钢丝表演融入演出中。我对他的想法很感兴趣，表示愿意向他学习。

那时我住在一个阁楼里。那间阁楼里有两个大柱子，正好可以用来连接钢丝。我把钢丝连接在柱子上，距离地面大约两英尺[①]，然后尽可能多地花时间练习。

早上，我在钢丝上吃麦片；白天，我在钢丝上看书，我甚至学会了在钢丝上躺着休息。作为新手，我的训练主要针对如何保持平衡并消除内心对跌落的恐惧。当我适应了在钢丝上的感觉后，就开始学习更为复杂的动作，这样，我很快从新手变成了学徒。

---

① 1 英尺 ≈ 0.3048 米。

建立试错平台

学徒阶段是指已经理解基础知识，但仍需要教练指导的阶段。这个阶段依然需要学习。而且，如果没有教练的帮助，一个人无法完美地完成动作。在学徒继续积累经验的过程中，老师会告知学徒目前技艺上有哪些需要注意的细节。

我明白在上钢丝和下钢丝时要保持警惕，因为大多数事故正发生在这两个瞬间。我明白了在钢丝上如何呼吸才能保持平衡，知道眼睛应该看哪里，以及如何改变方向等。

经过近六个月的学徒训练，我已经有足够的信心将这项技能融入表演中。我进入了学徒模式的第三阶段，现在我已经是一个能在钢丝上熟练行走的人了。这个阶段，我主要是在观众面前进行试验，不断试错，了解不同艺术形式间的细微差别。街头表演的好处很多，街头表演很容易找到舞台，我可以在这个舞台上不断尝试、失败、学习和成长。

需要旁观者的视角

我大部分街头表演都是在波士顿的法尼尔厅市场进行的，我也会在美国和加拿大的城市进行节日演出。我的节目融合了各种动作剧、闹剧、踢踏舞的元素。表演过程中我还会和观众互动。

后来我创造了一种新的杂技表演形式，在每次节目开始时使用。通常情况下，我会从较少练习的项目开始，然后逐步过渡到自己更擅长、更令人印象深刻的演出项目。

虽然我的演出功底很扎实，但有位同行向我提出了他的想法。他首先肯定了新节目非常好看，然后提到演出开始不够好，还说，最后观众参与的环节独特、有趣，也非常有效，但不知道为什么，总感觉缺了点什么。“将表演和互动结合在一起会如何呢？”他问道。

其实他已经给了我答案。他找到了一种办法，能将我目前看似不错的表演提升到更出色的水平。

我想说的是：我已经有了日常练习的规律以及持续改进的思维方式，我对别人的指导持开放心态。我的同行并没有告诉我该怎么做，他只是看到了我和观众之间的互动有优化的空间。在此，我邀请你以同样的心态阅读这本书，不断完善自己。同样，我不会告诉你该做什么，我只就优化体验和提升表现力提供一些想法。

放下

有一次，在我的街头表演临近尾声时，“意外”发生了。

那是 1990 年，法尼尔厅前，我站在由大约 300 人围成的大圆圈的中心位置，准备表演。阳光照耀着，空气中弥漫着香肠和胡椒的味道，秘鲁长笛的笛声时隐时现，此起彼伏。

我弯腰拿起我的大礼帽，做深呼吸，然后暂停片刻，准备开始表演第一个节目。我环顾四周，端详着周围观众的面孔。不知道为什么，我有一种预感，非同寻常的事情即将发生。我不慌不忙地进入了演出状态。

就在这一刻，我真实地感到内心某些东西落地了，这是我多年来一直追求的东西：想要被观众喜欢、想给观众留下深刻印象、想“让一些事情发生”的欲望，这让我感觉不舒服。带着这样的欲望，我匆匆度过了舞台上那些表演时光。欲望使我过于用力，让我坚守着那个我想成为的形象，我在表演中表现出的是拼命而不是自信，我引诱观众而不是吸引他们和我一起享受表演的过程。

但此时和以往是不同的。在我的右边，一个大约 2 岁的小姑娘走进了人们围拢的圆圈，她开始往中间走。这个小女孩穿得像个小公主，手腕上还系着粉红色的气球，她以那种只有孩子才有的、不经意的方式走进了这个空间，所有观众都被她吸引。

我知道此刻正在发生什么，我想到我需要做两件事：首先，要给这个孩子创造属于她的时刻；其次，要让她安全地回到她父母身边。我发现自己正慢慢走向那个孩子，我用手指比了比嘴唇，示意观众不要出声，然后把双手放在这个孩子的手臂下，再轻轻地、小心地将她的手臂抬高，最后给了她一个大大的 Ta-da[①]！

全场观众爆发出热烈的掌声。在掌声中，我引导孩子回到她父母的身边。我看到观众们流露出赞赏的表情，我的举动为所有人创造了非常人性化的体验。

我想这就是表演的精髓，也是我们在日常工作中渴望获得的体验：敏锐的观察力、对他人的认可、与他人的联系，以及一种与他人互动的真实的方式。

---

① 口语中常用的反映主观情绪的感叹词。——编者注

精通某项技能

熟练掌握某事说来神秘，其实并不神秘。经年累月的重复和一次又一次的实践会让一个人精通某项技能。精通是一种“成为”的状态，是一个人多年掌握的某种技能深入骨髓的状态。当身体的每根神经都做好准备，满足解决某个问题所需的各种条件时，或者身体状态足以实现你想获得的体验时，你自然会精通此道。

跨越鸿沟

在培养领导力的工作中，我注意到，在训练技能和构建自我意识之间存在巨大的鸿沟。直到我拿到认证做了领导力教练，才意识到这两者之间存在桥梁。构建自我意识要求我们向内审视自己，它使我们能够看到自己的优势和劣势、我们的偏见和想当然，以及我们的目标。反过来，训练技能可以使我们形成勇于学习和尝试的心态。随着我们的成长和发展，我们的自我意识会更强烈。

对我来说，我能够快速学习主要得益于我能在关注自己内在意识的同时发展外在技能，内在意识和外在技能二者缺一不可，彼此促进。

在这本书中，我将为读者提供机会，让读者回顾自己的重要经验和决策点。此外，我还会向读者介绍各种技能，供大家日常使用。如果可能的话，我建议读者先阅读本书，标记你想要重点关注和发展的领域。读者可以从本书中找到大量让自己出类拔萃的信息。

建议大家在学习过程中找一位同伴，邀请他作为你的教练，和你一起踏上这段旅程。如果有人能让你精力充沛、思想专注、牢记承诺，那么你一定会受益匪浅。

我的邀请

对自己的学习负起责来，每天都努力成为最好的自己。你还在等什么？一起继续吧！

第一章

与众不同的艺术

勇气体现自某个时刻，也就是一个普通人变得非凡的时刻。

——布赖恩·雅克（Brian Jacques）

每个人都有属于自己的独特天赋和才能，有人天生对数字敏感，有人天生就会组织大家协同工作，有人天生拥有能让人放松的幽默感。不管怎样，当某人显露天赋和才能时，都会带给别人一种美妙的人生体验。如果我们能发现并利用自己的天赋和才能，那么就可以使一份美好的职业变为伟大的事业。此外，培养和利用天赋，在适当的时机和场合运用它们，会大大丰富我们的生命体验。

以下是密歇根大学积极组织中心（Center for Positive Organizations）对最佳自我的认识。

> 每个人都有属于自己的非凡时刻，那是我们最好的一面被看到、被认可、被付诸实践的时刻。这些时刻深深地烙在我们脑海深处，让我们感觉到自己的存在，感觉到自己忠于最深层的自我，追求全部潜能的实现。随着时间的推移，我们会逐步将更多类似经历外化为最佳自我肖像，无论含蓄或直白，无论稳定或变化，这幅肖像终将成为我们生命中的锚或灯塔，成为“我们是谁”的试金石，以及“我们将成为谁”的指向标。[1]

上面描述的肖像被称为**反射性最佳自我**（Reflected Best Self，RBS）。我在哈佛商学院开办舞台表演研讨班时，首先想到了反射性最佳自我的概念。当时领导力计划的参与者（我们也是该计划的一部分）参加了基于反射性最佳自我的全面评估。这种评估要求参与者从定期与自己互动的不同人群中收集关于他们最佳自我的信息，这些信息展现了他们作为领导者的表现、其他人对他们的感受，以及他们对其他人产生的影响。

心理学基础

我们来快速了解一下最佳自我和反射性最佳自我的概念以及它们在心理学中的地位。人本主义心理学家卡尔·罗杰斯（Carl Rogers）认为，人类存在一个基本动机：自我实现，或者说实现自己的潜能，即实现最高水平的“人性”。罗杰斯认为，一个人要自我实现，必须处于一致性状态。

曼努埃拉·黑贝勒（Manuela Heberle）提供了自我实现的基础理论。

> 在心理学中，“真实自我”和“理想自我”是用来描述人格的术语。真实自我就是我们真正的自我，即我们实际是谁，也就是我们的想法、感觉、外表和行为……而理想自我指的是我们想要成为的人，这是我们根据自己学到的经验逐渐塑造的

> 理想化形象。理想自我具备父母教给我们的品质、我们所钦佩的人具有的品质、我们所处的社会倡导的品质，以及我们认为能使我们利益最大化的品质等。[2]

一致性是一种存在状态，也就是真实自我和理想自我和谐一致时的状态。如何才能达到这种一致性的状态呢？这里首先要明确，我们如何看待自己（自我形象）、我们希望他人如何看待我们（理想自我）和他人实际如何看待我们（真实自我）之间极有可能存在不一致的情况。

幸运的是，在形成反射性最佳自我的过程中，我们收集的信息构成了一幅清晰准确的最佳自我形象。最佳自我是真实自我中最重要的组成部分，最佳自我就是我们处于最佳状态时，我们观察、感受和行动的方式，最佳自我是对自我形象的认可，是值得追求的理想。

通过这个过程，我们了解了自己在各种情境下具备的优势、才能、品质和天赋，以及被其他人欣赏的地方。我们学会了珍惜自己的非凡之处，认可自己作为某一角色创造的价值。

同样，积极组织中心发表了下面看法。

> 反射性最佳自我创造了一条通往卓越的道路，这条路指引我们设想一个最好的自我，然后根据这一愿景将实现卓越从可能转化为现实。[3]

展现最好的自己

2017 年 7 月，我在纽约州银湾参加了领导力论坛。论坛在一个具有百年历史的会议厅举行，我坐在桌旁和一位初入职场的名叫霍普的女性交谈。记得当天完成练习后，霍普对我说："公司主管要我提高现场表现力。"

听到她这么说，我仔细端详了她一下，只见她耷拉着双肩，茫然地看着我，连说话声音都很细弱。我鼓励她多说说遇到的事情。霍普解释说，她很喜欢自己目前的工作，但她所在的部门有一位高级经理对她十分苛刻。她一见到那个人就感觉气场全无，信心不足。现在的问题是，她刚刚接到了一项任务，几周后她要向高管团队做重要报告，这让她非常焦虑。当然，这种情况可以理解。

我停顿了一下，请她讲讲生命中她感觉最美好、最有活力、最自信的时刻。考虑了一会儿，她脸上浮现出一丝温柔的微笑。她说，她高中时曾在一个屡获殊荣的行进乐队[①]中演奏长笛，那是一支非常出色的乐队，曾多次在纽约哥伦布日游行中获得冠军。我让霍普展示她准备演奏长笛时的样子。她抬起双臂进入演奏状态，坐姿笔挺，充满自信，浑身洋溢着一种喜悦，像换了个人似的。

霍普不仅是有天分的乐队成员，还是长笛组的领导者，她期望整个团队表现出色。对自己的团队，她总是强调：集中注意力、时

① 行进乐队，由管乐组、打击乐组和视觉表演组组成，即现在通称的"行进管乐"。——编者注

刻保持同步。即使在演奏前，团队中只要有人看向别处或不在队列中，一旦被指挥发现，团队成绩就会被扣0.25分，而这往往决定着最后的胜负。

霍普讲述她的这段经历时，我注意到她不再不知所措、垂头丧气；相反，她精力充沛、自信满满。接下来，我和她讨论如何把她重新发现的那个自信的自己带到当前的工作中。乐队的经历带着完美的感官记忆，可以引导霍普在压力下工作，让她找到自己的最佳状态。我们共同制订了一个计划，帮助她在向高级管理团队做演讲报告时保持最佳状态。

保持最佳状态

保持最佳状态意味着什么？

> 虽然一个人的优势（如能力、才干、价值观、个性特征）是反射性最佳自我的核心，但反射性最佳自我的肖像也包含一个人在最佳状态下展现的特征。在这种状态下，人们积极地运用自己的力量创造价值，发挥潜能，追求目标，从而为自己和他人总结建设性经验（情感、认知或行为）。[4]

这似乎很难实现，你可能会想：“面临工作上的困难情况时，如何使自己重新进入最佳状态？”我们再看看上面那个例子吧。

在我们谈话之前，霍普只要想到要做演讲报告就极度焦虑，但是通过回忆自我感觉最好的那个时刻，她摆脱了焦虑，重新找到了积极的状态。

经历“淬火”的考验

在压力下，我们可以通过尝试和冒险发现最佳自我。我们最好的品质、特质和价值观都是在怀疑和不确定的火焰中锻造而成的，它们产生于我们深入探索自己未知或几乎未知的部分时。正是在这些时刻，我们可以超越之前的自我形象，步入我们的新阶段。

下面介绍的内容将帮助你想象这个过程。

如果我们能看到传说中日本剑的锻造过程，那么我们首先会看到一块钝金属被投入熊熊燃烧的火焰中，当它发出红热的光时，匠人会把它取出来，放在铁砧上，用力砸它并将其折叠，然后再把这块金属浸入冷水中冷却。

据说这个过程要重复上万次。历经这样的过程，一把真正有力量、有韧性、完整的利剑才能诞生。这把剑淬火而成，我引导霍普的过程正是淬火的过程。

走向卓越的秘密

作为一名音乐人以及一支屡获殊荣的行进乐队的主要成员，霍普有自己的学习系统和卓越的思维模式，她知道在压力下表演要怎么做。现在，面对高管团队，她需要进入领导力状态。从与教练的谈话过程中，霍普发现自己的身体、思想和精神进入最佳状态要具备4个关键因素。

（1）**找到标志性姿势**。通过长笛训练，霍普掌握了一种可以让自己放松，但同时可以使身体挺拔的站姿——长笛演奏需要她以最舒适、最优美的状态把手臂举起来，把双手放在长笛上。第一次学习这种姿势时，她感觉很困难，但经过多年的练习，这种姿势变成一种自然而然的姿势。演员面对观众时内心会承受很大的压力，但霍普知道如何保持和利用这种姿势来展现她最好的状态。

她想象自己正在表演，她向自己发出了一个清晰而积极的信号：一种自信的感觉记忆。她感到自己更加专注、更加投入，也更有活力，她的身体、思想和精神保持了同步，这是她的标志性姿势。我看到了她的这些变化，我感到了她的自然、自信和力量。

（2）**让人听到你的演奏**。霍普曾表示，在某些场合她会感觉没信心，说话声音会变弱。然而，当她采取长笛演奏姿势，想象自己正在乐队中演奏时，她的身体在放松、呼吸变得更有力，因为控制呼吸是长笛演奏者的训练内容。演奏要被观众听到，当她对自己说“演奏要让人听到”时，她笛声中的节奏和音调会变得更有力、更轻松、更有表现力，也更清晰。

我们讨论了在进行公众演讲时如何让自己的声音获得这种力量，这是她找到最佳自我的第二把钥匙（在第二章中，我们将介绍一些呼吸技巧，供大家学习和掌握）。

（3）**保持卓越的心态**。霍普的第三个秘密武器是回忆她在乐队中的领导者角色。她希望自己和其他团队成员能保持卓越。我们讨论了她怎样做才能保持卓越从而引领自己前进，她能让自己做到最好吗？她能让团队其他成员运用同样的原则吗？她怎样才能让其他团队成员同意并接受她的领导？一旦她发现了所有问题的答案，她就能顺利完成即将进行的演讲报告。

（4）**找到最佳状态**。霍普的第四个秘密武器在她开始哼唱其最喜欢的乐队演奏曲目时显现，这种对曲调、节奏和时机的感觉为霍普营造了一种心流状态。在这种状态下，她感到身体、精神和情绪上的一致性，她感到多年训练所获得的力量和信心又回来了。

总之，这4个因素帮助霍普直面工作中令人生畏的时刻，使她恢复了积极、专注和自信的状态。换句话说，这些是她走向卓越的关键。

霍普说，她和她所在部门的其他几位高级主管分享了这4个要素（这几位主管一直支持她，希望她能做到最好）。她在这几位高管面前练习了演讲报告，获得了他们的反馈和鼓励。大家提醒她注意站姿挺拔、说话声音洪亮、找到自己最理想的状态。

霍普做完演讲后，我们再次交谈，看得出来她非常高兴。她说演讲前她感到内心平静而自信，她掌控了那个时刻，她直直地站着，说话声音坚定而自信。这次演讲带给她一种深深的满足感，就连那个对她很严厉的资深高管在她演讲完也向她表示了祝贺。

发现令你与众不同的关键要素

要做最好的自己，我们首先需要收集信息，即我们处于最佳状态时其他人有何感受。这种类型的反馈在使“我们如何看待自己”和“他人如何看待我们”二者保持一致的过程中非常关键。对霍普来说，找到最佳自我的时刻相对比较容易，但如果你不确定自己什么时候表现得最好，那该怎么办呢？

我邀请你尝试以下这个过程。

找至少 6 位了解你、尊重你、与你合作过的人，给他们发邮件，告诉他们你正在进行个人发展调查，你要了解他们的观察和看法，这对你来说非常重要。

询问他们以下问题。

（1）说说你看到我呈现最佳自我的一个或几个时刻，简短描述当时我有哪些表现、如何解决问题、如何应对挑战。

（2）在那种情况下，你想怎么形容我？

（3）我如何影响周围的人和环境？

（4）在那个时刻，你最欣赏我的什么品质、属性或优势？

（5）你觉得我可以将这些优势用在哪些新情况下？

收到反馈后，花点时间好好分析，从反馈中提炼主题和观点，把这些外界评价和印象总结成几个简单句。这个练习会告诉你，在你处于最佳状态时，你的思考方式、感受和行为方式会让别人有何想法。

作为一名曾经的音乐人，霍普有对最佳状态的感官记忆，对她而言，这些记忆可以创造一种积极自信的状态。其中每一种记忆都包含身体、心理、情绪和活力等因素。你也可以尝试一下。

回忆生命中两到三个你感觉自己处于最佳状态的时刻，这也会是未来你感觉自己最有活力、最自信、最有效率的时刻。

____

____

____

在你处于最佳状态的时刻，你的姿势是什么样的？这将成为你的标志性姿势。

____

____

____

你当时心情如何？（是勇敢的还是闹着玩的？）

____

____

____

描述那些时刻你的精神状态。（是冷静的还是亢奋的？）

____

____

____

你当时的仪态如何？（是得体的还是大方的？）

____

____

____

试着找出三到四个能使你进入积极和自信状态的回忆（例如，你完成一次绝佳的表演后向观众鞠躬致意，或者是你在做投手前做的深呼吸）。

____

____

____

有些人容易恢复最佳状态，而有些人则可能遇到一种说不清的障碍，感觉无法完全相信自己。如果你认为你很难找到开启最佳自我之门的钥匙，请不要着急，只要付出努力，你就可以做得更好。正如你接下来要读到的，重新发现并获得个人力量需要勇气和开放的心态。

治愈旧伤

挫折是每个艺术家必然要经历的，技巧训练和表演经验让我们能够脚踏实地、不断充实自己，然后再次回到舞台。但是，如果一个人完全失去了信心，再也无法达到最佳状态该怎么办？

我有个好朋友，也是我的同事，他叫克里斯托，是费城杰出的领导力教练。我们刚刚相识时，他讲过一个很特别的故事，他说他正在寻找失去的东西——自信。

有一天，我们在停车场泊车时，克里斯托和我说，不知为什么，有时面对咨询公司的高级主管时他会忽然没自信，尽管他专业能力很强，但他就是会突然走神，在同伴面前崩溃。

我问他这种情况是从什么时候开始的。当他全神贯注开始回忆时，我观察到他下巴紧绷，喉咙似乎哽住了。他停顿了一下，然后给我讲述发生在他身上的故事。

克里斯托在南非长大，曾经是一位优秀的板球投球手（相当于棒球中的快速投球手）。10岁时，他凭借优异的表现受到了“球探”的关注，他很有可能成为一名职业选手。

“一天下午，我正在学校和一些孩子打球，当时马上要比赛了。另一队一个大一点的孩子站起来击球。”他说。

“我比同龄的孩子高不少，但这个孩子比我还高、还壮。”克里斯托解释说，“没什么大不了，我没有受影响，依然信心十足。我完成了投球，成功地淘汰了另一个孩子。我太高兴了。”

就在这个时候，那个孩子勃然大怒，竟然冲向克里斯托，用拳头狠狠地打他的脸。克里斯托一下子倒在地上，感觉头昏脑胀。

从面部表情、肢体语言和声音所传递的情绪中，我看出克里斯托仿佛再一次经历了那一刻。

“我跳了起来，”他继续说，“感觉迷茫、羞愧，我很想打回去，但我感觉自己力不从心。我转身跑了。”

在很长一段时间里，他一直压制着这段经历。克里斯托意识到正是这段经历让他失去了自己的“魔力”，在被打之后，他再也无法像之前那样快速投球了。

作为一名年轻的板球运动员，克里斯托知道自己在做什么，他有能力、有技巧、有信心。但遭到那个孩子的暴力对待后，他开始不再相信自己所知道的一切。当他在更资深的同事面前讲话时，那种伤痛会不自觉地再次回来，他会想要退缩。

我们把车停好，克里斯托对我的倾听表示感谢。他流露出发自内心的轻松和一种决心。他知道自己要接纳这件事，要原谅自己，要重新获得力量。

不要把最好的自己落在后面

德博拉·安科纳（Deborah Ancona）是麻省理工学院领导力中心创始人，她曾经问学生："为了成为今天的自己，你舍弃了哪些东西？"

你会怎样回答这个问题？

____

____

____

每个人都有潜力成为与众不同的人，每个人都能够重新挖掘自己的天赋，即使我们觉得自己陷入了困境或者失去了灵感。变得与众不同需要我们自省，这是实现我们内在特定价值的过程，这并不容易，但它值得我们去努力。当我们真正理解成为最好的自己意味着什么时，我们就打开了通往无限可能的大门。我们会看到他人最好的一面，并努力为他人创造空间，使之成为最好的自己。

第二章

沉着的艺术

紧张是因为你认为自己应该怎样做，而放松是因为你做了真正的自己。

——谚语

帕特20多岁的时候是一名销售经理，他有礼貌、待人热情，问题是他总是过分取悦客户，言谈举止特别像一位理想化的领导者。他的这种做法干扰了客户工作，他的老板经常这么说他："帕特，别那么紧张，放松点，没关系，做你自己就好，就像咱们出去喝酒时的你。"

虽然只是几句简短的描述，但我想那些想呈现自己现场表现力的管理者一定会对帕特的经历产生共鸣。你有过类似的经历吗？即在某些情况下，你感觉沟通很容易，但在面对压力时，你会很紧张。你的主管有没有劝过你"放松，做自己"？

本章我们将讨论"沉着"的概念，沉着是构建领导力自若仪态、领导者表现力和影响力的基础。**沉着是一种全然临在的体验。**沉着的领导者通常很自律，他们在遇到新情况时能保持专注、冷静，而不会局促不安；他们相信自己有能力控制场面，不会有丝毫的做作或伪装。沉着不仅仅意味着领导者要进入角色，它更是一种优雅的、能积极回应的、能让别人感觉轻松的品质，它能让领导者在巨大压力和不断变化的情况下做出决定。

临在的信号

从表演艺术家的角度来看，领导力自若仪态、领导者表现力和影响力的培养始于两个方面：如何出场以及如何一言不发地传递信息。与他人互动时，我们都会发出信号，这些信号存在于我们的声音、面部表情、情绪和肢体语言中。

为了更好地理解这些信号，我们首先需要从观察者的角度来审视它们。假如你所在的单位或社区中，有位领导者仪表堂堂、处变不惊，请你就这一假设回答以下问题。

想到这个人的时候，你会用什么样的语言描述他？

他的精神状态是怎样的？是时好时坏的，是非常激动的，还是冷静的？

他出现时身体和情绪状态如何？

他临在吗？精力集中吗？为什么？

描述你与他目光接触时的情况。

他看上去是不是很惬意？为什么？

他好相处吗？为什么？

可识别特点

现在你已经收集了一些信息，我推测你想象中的领导者会有如下特点。

- 他们全然临在，完全沉浸于当前的事务中。
- 他们站姿挺拔，自信满满。
- 他们放松自信、沉着冷静。
- 他们视线平稳、开放、没有分心，也没有做任何无关的动作。
- 他们吸引了在场的人，很明显，他们平易近人，毫不防备。
- 他们的面部表情、肢体动作、声音和情绪都传递着相同的信息。

可能你刚刚分析的那位领导者还传达出如下信息：我愿意在这里；我相信自己说的话；我关心你；我愿意倾听你的声音。这些领导者难道天生就有这种自若仪态和表现力吗？答案很可能是否定的，这些表现往往是经验累积、意识增强以及参加领导力培训的结果，而这些你也可以做到。

一致性

培养领导力自若仪态、领导者表现力和影响力始于我们如何讲自己的故事。还记得引言中的故事吗？它告诉我们在表演时如何放下那种渴望观众喜欢自己的欲望。表演时内心的不安正是因为真实自我和理想自我之间存在差异，正如曼努埃拉·黑贝勒指出的那样。

> 如果“我”（真实自我）与我想成为的“我”（理想自我）是一致的，那么我会感觉到一种精神上的幸福或心灵上的平静。如果“我”与想成为的“我”不一致，这会给人们的精神带来痛苦或焦虑。理想自我和真实自我之间的差异越大，由此产生的痛苦就越大。[1]

换言之，当我们做出的决定或采取的行动与理想自我的表现不一致时，我们内心会感到不安。这个概念也适用于本章开头帕特的案例。在非正式场合，帕特比较自在，在这种情况下，他的沟通自信而富有表现力，他的同伴对他的看法与他想被人看到的自己是一致的。

然而，当帕特进入销售角色时，他尽力想表现出销售经理应有的样子，这让他觉得非常不自在，而那个不真实的自己也让别人感到压力和不安。

职业人陷阱

21 世纪初期，我为安永咨询公司组织培训，其中有个练习，需要现场一位领导者站在参加培训的 80 名顾问前分享他正努力解决的问题。

当时的志愿者是一位个头很高的管理人员，他穿着十分讲究，让人无可挑剔，但显然他自己并不舒服。他决定在员工面前揭露一下自己的弱点。他走出来，慢慢地脱下西装外套，解开衣领，然后深深地吸了一口气，又缓缓地呼出来，他微笑着，开始讲话。他描述了一次摔跤活动。他讲得很真诚、很实在，他故意展现自己的弱点，结果员工马上产生了共鸣，后来的讨论非常热烈。

在别人面前展现弱点是一个艰难的决定。如果你已经把问题解决了，那么谈论那些问题并没有什么压力，但是，如果你还在苦苦挣扎中（你自己也不能保证问题会顺利解决），那么谈论问题并展开讨论的确需要很大的勇气。

培训结束后，这位高管走到我面前表示感谢。他说："今天，我学到的东西太重要了，我明白了领导力的真正含义。在过去的20年里，我一直努力打造一种专业的领导者形象，就像是要戴一副面具，一种我工作时带在身上、无法穿透的盾牌。我努力工作，想成为一个完美的高管典范，一个能回答所有问题的人。"他继续说，"但我一直觉得这是一种负担，而且我也从来没有感觉舒服过。现在，我意识到这一切都是伪装。我喜欢我自己，虽然我不完美。如果我们希望每个人都能找到最好的自己，希望我们做的每件事都能取得最好的结果，我们就必须和周围人建立诚实和透明的关系。这是非常重要的一步。谢谢您！"

追求卓越，而不是完美

在上面的故事中，那位管理人员曾经认为，高管"应该"有一种特殊的外表和行为方式。大概他之前办公室门上挂着"把个性留在门外"的提示不断提醒自己。

把个性留在门外

20多年来，他一直肩负追求完美的重任，而在我的培训中，他终于摘掉了面具。在做领导者方面，他做出了重大改变。他开始将注意力从追求完美转移到追求卓越。当我们追求卓越时，一定是从最好的自己开始的。

放下与沉着

前面这个故事讲的是一位管理者成功放下自己不切实际的完美领导者形象的过程。他接受了挑战，在团队面前展示了自己的弱点。他走上讲台，完成了一次淬火考验。后来他悄悄告诉我，这是他做过的最困难的事情。当时他感到很害怕，他怕大家听到他的故事后笑场，但他直面了自己内心的恐惧。

对现场人员来说，他并没有因此失去领导者的地位。当他冒着风险讲述自己的弱点时，他的可信度和真实性提高了。你是不是也觉得自己应该能回答所有问题？你有勇气像这个领导者一样来一次淬火考验吗？

卓越心态

领导者不应该压抑真实自我，然而，这并不意味着我们应该放松到穿着睡衣去上班。我们还需要在真实和完美之间找到平衡。

我和很多人一起工作过，他们把真实性等同于放松甚至是对别人的不尊重，这种情况往往表现在穿着打扮、言谈举止，以及对工作中权力结构的看法上。其实，不是只有穿着显示权势的外衣、大声发号施令才能显示自己的领导者地位，我们需要做的是了解所在领域的规范、规则，忠于我们的价值观，成为最好的自己。

回顾第一章霍普的故事我们会发现，正是她经历过的训练、约束、纪律以及淬火考验让她找到了最好的自己。她有一种卓越的心态，她有能力再次进入这种状态并把最好的自己带入工作中。做最好的自己需要约束自己、不断练习及尝试，从错误中成长。

现在我们花些时间来探索一下卓越心态的问题。

请描述一个时刻，那一刻你成了自己想成为的人。

____

____

____

描述那一刻你的感受。

____

____

____

描述那一刻其他人的反应。

____

____

____

描述一个时刻，那一刻，你没能成为自己想成为的人。

____

____

____

描述那一刻你的感受。

____

____

____

描述那一刻其他人的反应。

____

____

____

承诺行动

成为别人欣赏的那个人和成为我们认为应该成为的人，这二者是不同的，提高这种意识是成为最好的自己过程中的一个重要步骤。缩小二者差距的过程之难往往令人望而生畏，也会让人心生焦虑。

理解恐惧情绪对完全进入、理解自己的内心至关重要。在一篇名为“根据神经科学，你唯一要做的事就是克服恐惧”的杂志文章中，马雷奥·麦克拉肯（Mareo McCracken）指出，恐惧和焦虑源于人们对未来的不确定，即对自己不够好或不够聪明的恐惧。科学已经证明，人脑无法同时关注一个以上的事物，这意味着我们可以有意识地让大脑做一些别的事情，从而摆脱当下的恐惧，也就是说，是否要经历恐惧取决于我们自己。麦克拉肯说:“你唯一要做的就是投入另一件事。为什么？投入意味着另一个行动正在发生，就是说，此刻你的大脑会专注于另一件事而忘记恐惧。”(2)专注于自己的呼吸，或者做一个友好、大方的动作，这两个小技巧都可以帮助我们机智地战胜恐惧。

如果你回顾前面安永的高管害怕自己被人嘲笑的故事，你会发现，他已经决心站在员工面前面对自己的恐惧，一旦他决心向前，采取行动，他的恐惧就消失了。他的投入会指引他前进，这是克服恐惧的第一步。人们大脑的关注点集中到具体活动上以后，恐惧就自然而然地被打败了。

与呼吸保持联结

一个人在压力下如何保持冷静？与呼吸保持联结是保持镇定和进入状态最重要的原则，也是让我们内心完全“沉着”的一种方法。通过把注意力放在呼吸上，调节呼吸，我们得以深度放松，反过来这也让我们进入最佳状态。

当我们意识到自己正屏住呼吸或有压力感时，这个过程就开始了。压力造成的紧张日积月累，在我们没有注意到的时候它就开始影响我们的身体健康。长时间承受这种紧张以及长期不规则呼吸可能成为我们的常态。为防止这种情况发生，我们需要一种方法来消除这种紧张感。

腹式呼吸

我们一起来做一个基础呼吸练习吧！这种练习叫作腹式呼吸。坐在椅子上，双脚平放在地板上，后背紧靠椅背，抬起手臂将双手放在双膝上，舌头置于上腭正后方（舌头的位置非常重要，它能刺激能量流动，使语言难以在头脑中形成），然后用鼻子吸气，用嘴呼气。

请把注意力放在腹部（小肚子上），呼气时，要把腹部所有气体全部排出，就像是把皮球里的所有空气挤出去一样。

现在，稍作停顿。然后将空气吸入腹部，在此过程中尽量防止肩部上提。吸气到极限时稍微停顿，然后开始呼气。重复至少10次。

做完练习后，看看你感觉如何。身体有没有放松？思维有没有更集中？稍后再试一次。

如果你发现自己很难进行这种腹式呼吸，而且注意到自己吸气时肩膀在上提，那就试试下面这个练习。

平躺在床上，抬起膝盖，将双脚平放（在办公室进行这个练习可能效果不好，除非你能关上门）。将双手放在腹部或皮带扣上，按上述同样的顺序练习。

如果你一天练习一次或两次，持续两周后，你会找到让自己放松的那个点。

这是一个基础呼吸练习，也是一个大师级的练习。不要低估这种基础呼吸练习的力量。如果你以前没做过，一定提醒自己不要操之过急，很多人只练习了一次，感觉没有效果就不再练习了。记住，只有通过大量练习才能真正掌握其中的技巧。

呼吸—联结—沉着

有时，简短、容易记住的呼吸顺序会对我们有所帮助，我发明了一种“呼吸—联结—沉着”式技巧，这种技巧建立在我们刚刚学到的腹式呼吸的基础上。

吸气时，对自己说“吸”；吸气到极限时，对自己说“联结”，把注意力放在你的感受上，放下所有的紧张情绪，然后开始呼气，对自己说“沉着”，让所有的紧张通过你的双脚流出。这个练习至少做 10 次。

我依靠每天的呼吸练习来管理压力、克服内心的不安全感。如果你每天早晨坚持练习，那么你会更容易集中精力，更容易建立积极心态。

临在是一种选择

认识到吸引我们注意力的内外部因素非常重要，有助于我们享受当下和他人在一起的时光。

请回答以下问题。

- 你对当下事务的沉浸度有多高？请用百分比说明自己身体、精神和情绪三方面的沉浸度。
- 是什么让你不能临在？
    - 在想过去发生的事？在想即将要做的事？
    - 有需要解决的个人问题？
    - 在等电话？
    - 想查看电子邮件？

很多事情会干扰我们进入临在状态。为了避免分心，我们必须接纳让我们分心的事物及其带给我们的感觉，并决定是暂时搁置还是现在处理。有意识地承认那些揪着、拉着我们的事物，反而会减弱它们对我们的牵扯力。

带领团队练习

以下是我和波士顿一家初创公司的首席运营官之间的电子邮件交往，他曾参加过我的领导力培训。他很喜欢“你的沉浸度是多少”这样的练习，决定把这种练习介绍给团队使用。他发现这些练习效果很好，但他也就这种练习的使用提出了很多问题。

最初的邮件是这样的。

罗布：

下午好，见到这封信的时候，希望您已经度过了美好的一周。几个星期前，我参加过您的领导力培训，我有个关于领导力的问题想请教您。

我目前正在使用您培训中教给大家的一个工具，每周团队例会中，我会逐个询问团队成员的沉浸度。大家很喜欢这个问题，对问题的反应也很好。从管理层角度看，我觉得这个问题让我能从独特的视角观察员工的工作状态，这点非常好。

今天却出现了问题。我想问您，如果有人当前沉浸度不是很高，比如只有40%，他们解释了原因（睡眠不好、销售数字的压力、与客户打电话沟通效果不好等），我是应该在会议上解决这些问题呢，还是暂时搁置以后再处理？我猜这取决于问题的性质（是个人问题还是工作的问题），不知您如何考虑？希望听到您的高见。

非常感谢。

CW

我的回复如下。

嗨，CW：

很开心你能向我提问。首先，我要说的是，你将所学应用于实践做得非常好。正如我们在培训中所讨论的，领导者不仅仅要享受当下和他人在一起的时光，还要使大家也能充分投入其中。

通过询问大家是否临在，你可以集中大家的注意力，了解每个人的想法和感受。但是，你不能因此改变会议目的。

我们来一起看看你的情况。

首先，当团队成员不能很好地投入工作时，最好的应对方式可能是提问（带着好奇询问），我猜你可能想获得如下信息。

- 他们有什么事情需要你此刻解决？例如，客户需要在30分钟内得到答复。
- 他们是不是有更大的或更普遍的问题需要处理？比如焦虑、睡眠不足、与客户打电话沟通不畅或因为销售数字产生了压力。

为了了解某人对当下事务的沉浸度，我们可以设定一个沉浸度指标。如果团队成员来开会，却因为有需要马上处理的事情而对会议心不在焉，那么该成员应该让其他成员知道他面临的情况，允许他加以处理。这是完全可以接受的，但不要成为常态。

如果团队成员面临的是一个更大的问题，请他们尽量提前把这些问题告诉你。

如果当时发生了某些事情，首先要肯定团队成员的感受，然后问以下问题。

- 你愿意说说是什么事情让你分心吗？
- 能否将那件事情暂时搁置，先专注于手头的事情？
- 你是否愿意随后一对一地讨论这个问题？

如果团队成员表现出明显的不适，你需要审视该问题的重要性，决定是不是要马上处理。你可以征求那位团队成员的意见，问他是否需要冷静一下。这句话会提醒当事人，让他能集中注意力。

如果其他团队成员也面临同一个问题，那么这可能是一个很好的机会，大家能够共同学习。会议可以留出时间介绍以下内容。

- 呼吸技巧：
    - 创造积极的感觉，抵消会议带来的坏情绪；
    - 缓解白天的压力和紧张情绪，睡个好觉。

- 沟通技巧：
  - 感到压力时，向别人寻求帮助。

希望这些想法能帮到你。非常高兴能更深入地与你讨论以上内容。

顺致冬祺

罗布

CW 的邮件显示，他做出了承诺，把在培训中学到的技能立即付诸实践。CW 从实践中发现了这些工具带来的直接、积极的结果，也发现自己还需要继续发挥领导力，通过实验和反馈取得更好的结果。

回顾本章介绍的各种技能，你要如何学习这些技能并将其付诸实践？我希望你多花一些时间，思考以下问题，仔细考虑自己是否进入了状态，树立让自己改变低效习惯的意识。

在什么样的情形下，你更容易享受与他人真正在一起的时光？

____

____

____

你可以采取什么态度、行为和行动来让自己充分进入状态？

______

______

______

你可以在哪里做“呼吸—联结—沉着”练习？

______

______

______

你能从“呼吸—联结—沉着”练习中得到什么益处？

______

______

______

你如何为他人创造充分进入状态的条件？

______

______

______

用你的眼睛去“倾听”

全心全意地关注他人是你能给予他人的最好的礼物，这也是临在最强大的地方。我想分享丹·科利尔（Dan Collier）的故事，他是费森尤斯医疗的领导力和专业发展高级经理，也是人才发展协会波士顿分会主席。

在我女儿劳伦刚刚上学的那段时间，我在家工作，这样我可以每天在车站等她，带她回家。我们养成了一个习惯，从每天在车站接到她开始，我们会一边走一边谈她一天的生活，谈话会一直持续到我把她安置在我家庭办公室隔壁的房间里。大多时候，我都能专心听她讲幼儿园发生的各种趣事。然而，有一天，有个非常重要的工作吸引了我的注意力。回家路上，我几乎没怎么和劳伦聊天，甚至到把她安顿在隔壁房间时，我的注意力依然不在她身上。

在几次心不在焉的“嗯”“很好”“对你有好处”之后，我注意到她停止了讲述。我还没来得及考虑是怎么回事，就感觉到她用小手捧着我的脸，把我的头转向她，对我说：“爸爸，用你的眼睛听我说。”作为一个以交流为生的人，一个五岁的孩子告诉我“用眼睛听”，这对我来说是一次顿悟。

你还记得自己被人全心全意关注的时刻吗？他们是不是在用眼睛“倾听”？你当时感觉如何？你会如何描述他们的沉浸情况？同样，想想你有没有遇到过对你“嗯”的人，他们对你有什么影响？

培养镇定自若的气质

刺激和反应之间有一个时间差。在这个时间差里，我们有能力选择如何反应，我们的反应体现了我们的成长和自由。

——维克多·弗兰克尔（Victor Frankl）

在轻松的气氛下我们容易保持镇定自若，因为每个人都很友好。但是，当会议桌上每个人都剑拔弩张、互相攻击时，如何保持镇定自若？或者当同事把一个棘手的问题扔给你时，你如何保持镇定自若？在压力大或遇到有争议的情况时，我们很容易凭直觉做出反应。当我们处于“反应模式”时，我们很有可能情绪激动甚至失去控制，而这对个人或对工作都没什么好处。

这时呼吸练习就派上用场了。这听起来也许有点儿奇怪，但呼吸练习的确可以帮助我们放松身心、集中注意力，甚至可以让我们在压力下保持清醒。呼吸练习的效果不容小觑。我们不需要搬到深山老林，让自己每天沉浸在呼吸训练营中，每天只练习 10 分钟，就会产生很好的效果。

坚持练习，随着时间的推移，你会发现一些令人欣喜的变化，你会习惯性地选择使用这种呼吸技巧。重要的是，呼吸练习还会带来涟漪效应，你会开始注意生活中微小但重要的时刻，你会感觉保持冷静和超然的意识增强了，自己不再会被卷入争吵中或疲于防备。在紧张的时刻，你会镇定自若，能够观察他人的行为。当我们争吵或有压力时，当我们不再带着情绪时，我们就可以自由地控制自己，提高谈话的成效。

呼吸练习是一个很好的开始，而清楚地知道自己的价值观和触发因素会提高我们对事态的感知程度。这里的价值观包括尊重他人的想法、保持开放的心态以及接受更高明的观点等。

明确工作中什么对自己最重要有助于理解自己的感受，尤其是当你的价值观受到挑战时（比如在激烈的团队讨论中没有人倾听彼此），你可能崩溃或自我封闭。

把握自己的价值观、触发因素和反应很重要，它们是你建立自我意识的基础资源，也是你保持清醒、知道什么该做什么不该做的线索。你需要的一切都在你自己内心中，你可以通过下面的问题来提高自我意识。

你工作中遵循的三个重要价值观是什么？

____

____

____

哪些因素会触发你采取行动？

____

____

____

被触发后你打算如何反应？

____

____

____

不可否认的好处

实践本章介绍的技能会让你受益匪浅，它能让你镇定自若、更快地获得批判性思维技能，并在紧张的互动和决策过程中保持客观与灵活。

现在我们可以更好地完成以下行为。

- 理解观众——理解他们的面部表情和行为举止代表的内容。
- 连点成线——分析、推断词语背后的含义，理解字里行间的意义。
- 更慎重地做判断——稍作停顿，收集更多信息数据，避免得出片面的结论，做出片面的决策或行动。
- 改变观点——从多个角度看问题，了解我们行动的含义及其后果。

这些技能构成了批判性思维和弹性领导力的基础。灵活的领导者能够在不断变化的商业环境中保持镇定，并能做出及时、清晰、合理的决策。

第三章

扩展的艺术

一旦你找到了自己的声音，那么你可以激励他人也找到自己的声音，以此来扩大你的影响力。

——史蒂芬·柯维（Stephen Covey）

扩展的艺术是指在与他人建立的关系中展现自己。从不同层面看，扩展能力是可以后天提高的。为此，请先考虑以下几个问题。

- 他人对我们有何感受。
- 与我们在一起时，他们对自己有何感受。
- 我们离开后，他人如何讲述关于我们的故事。

关注你给他人带来的这些影响，我们就能将表现力扩展到关注他人感受的经历中。作为领导者和富有成效的沟通者，我们的成长源于这种意识的建立。

他人对我们有何感受

人们从多个方面感受我们，具体包括以下几个方面。

（1）能量方面。当他人和我们在一起时，他们会感受到我们特有的能量，这也是他们和我们在一起时首先感受到的，这对他们有着直接影响。我们可能给人平静的、能让别人更有信心的感觉；也可能给人带来一种紧张感，也就是说，他们和我们在一起时会感觉心神不宁。通过反馈和实践，我们可以了解自己处于最佳状态和最差状态时的能量状况。为了增强我们的能量，请考虑以下问题。

- 你能否意识到不同情况下自己投射的能量？
- 如何更好地管理自己的能量？

（2）**外表方面**。我们的外表也会对他人产生影响。有些人有着令人窒息的气势，有些人外表不那么威严，但散发着自信。通过约束、培养、增强意识，我们能塑造强大、灵活、平易近人的标志性姿态。要想更具外在表现力，你需要考虑如下问题。

- 你知道自己的面部表情和肢体语言是怎样的吗？
- 你什么时候最具外在表现力？

（3）**情绪方面**。一些人会表现出全部情绪，他人可以体验这种情绪；也有一些人的脸像一成不变的扑克脸，看不到任何情绪变化。以上两种都不是最好的情绪表现方式。在工作场所，能否认识情绪、控制情绪至关重要，特别是当我们面临压力和处于比较高的职位时。这种意识是发展情商的第一步。关于情绪，请考虑以下问题。

- 你能否意识到一天中自己产生了哪几种情绪？

- 你的情绪对他人有什么影响?

（4）**声音方面**。我们的音质和语调也在传达意义，良好的沟通来自我们对双方声音、姿势、能量和情绪的理解，这些因素应当协同一致传递信息，并对谈话的真实性和意义产生共鸣。判断我们的声音能否传达意义，你需要考虑如下问题。

- 你平时说话的语气是否单调?
- 说话时，如何用抑扬顿挫的语调来清楚地传达关键信息?

（5）**相关性方面**。他人也会从相关性中感受我们，他们会判断我们是平易近人、值得信赖的，还是疏远、冷漠的。若想判断自己的做法是否合适，请考虑如下问题。

- 你能否意识到相关性会对他人产生影响?
- 相关性如何促使你或阻止你与他人进行成功的互动?
- 相关性如何帮助或阻止你与他人建立信任关系?

（6）**智力方面**。由于偏见或条件限制，我们可能对自己的想法表现得保守，也可能表现得开放，一些人可能会展现一种智力上的优越感，而另一些人则表现得包容和谦逊。为了了解我们的智力表现，请考虑如下问题。

- 你很生气吗?你为什么生气?
- 你怎样欣赏别人带来的价值?

别人对你的感受非常重要，因为你留给别人的印象会影响他们对你的领导力或你的想法的反应。要想明白别人对你的看法，请回答下面的问题。

别人是如何看待你的？回想一下你从第一章的最佳自我练习中得到的反馈。从下面词组中选出最能形容你的三个。

平静的	勤奋的	灵活的	可适应的	没精打采的
刻薄的	冷漠的	专注的	不耐烦的	镇定自若的
狂躁的	积极的	自信的	不稳定的	为人热情的
疯狂的	紧张的	开放的	受鼓舞的	平易近人的
理性的	真实的	乐观的	凭直觉的	心不在焉的
可靠的	粗暴的	亲切的	有才华的	慷慨大方的
专横的	真诚的	敬业的	有激情的	控制欲强的
谦虚的	善良的	可信的	要求严的	容易厌倦的

这个练习给你带来哪些关于表现力的洞见？

____

____

____

与我们在一起时，他人对自己有何感受

将表现力扩展到自己及他人的感受中，对我们发展同理心以及成为领导者至关重要。

感觉渺小

你是否在别人面前感到自己很渺小？我想答案是肯定的，也许这种感觉就发生在上次参加的聚会中，你小心翼翼地走向自己一直想见的高管，而这个人看起来高高在上，你在他眼里就像不存在一样。或者，你终于鼓起勇气在团队会议上发言，不过你只敢重复上司已经说过的观点，而没有胆量说出自己的想法。

感觉自己渺小时，我们很难找到最好的自己。

让我们来看看哈佛商学院教授乔舒亚·马戈利斯（Joshua Margolis）的一句话：

> 领导力指的是别人如何在你面前感受自己。

这句话对你来说意味着什么？写下你的想法。

______

______

______

近几年，我收集了一些领导者对这句话的理解。

- 领导力指我们对他人的影响。
- 作为领导者，我们需要对他人正在做的事情感到好奇。
- 作为领导者，我们需要反思自己的做法是为他人投下了阴影还是打开了明灯。

当有些事不对劲但大家又什么都不说的时候，我们能做的就是努力改善大家的精力状态、肢体语言和面部表情，让大家鼓起勇气分享观点和看法。

我们结合工作中的简单互动，看看领导者如何改变情况。

你敲开上司办公室的门，问她是否有时间。“当然，进来吧。”她一边说，一边在电脑前忙着工作。你进去以后，她轻轻地转过身来，询问她应该怎样帮助你，但她并没有把目光从她正在做的事情上移开。虽然你有很重要的事情要向她汇报，但你觉察此时可能不是最好的时机。

遇到这种情况你该怎么做？你是直接说出来请她注意，还是退到门外让这件事就此过去？

我敢肯定，你一定体验过这类交流中双方的立场。这告诉我们，第一，管理者必须学会与他人相处、坦诚相见，能够将注意力从正在做的工作上转向目前相关的事情上，也就是从具体工作处理转向关系维护；第二，我们应当学会请领导者关注，这是构建自我价值的基础，而且我们还要学会选择合适的时机和领导者沟通。

感觉自己很渺小是我们很多人内心的想法，在某些情况下，另一个人的存在只不过是我们自我限制的导火索而已。在上述与心不在焉的上司沟通的案例中，我们根深蒂固的“自己不重要”“我的时间不重要”的想法得到了确认。

这些自我限制的想法往往是我们成长过程中的一些经历，甚至是培训带来的结果。我们错误地认为企业中那些身处高位的人一定是最接近完美的、最聪明的人。如果在职业生涯早期没有发现这些自我限制的想法，这些想法就会变成自我限制的信念，迫使我们消极应对，从而影响工作效率。

感觉高大

你有没有在别人面前觉得自己很高大？我希望答案是肯定的。你能描述一下这种感觉吗？你是否对自己做出的贡献感到自豪，感觉受到了尊重和重视？当时其他人说了什么，做了什么，让你觉得自己很高大？

感觉自己很高大时，我们会认为自己是一个自信的、开放的人，并且更接近自己的最佳状态。

给大家讲个我的故事。有一天，我准备在哈佛商学院介绍领导力课程。还记得当时我在礼堂后面，正在上课的教授注意到了我，他是教研室主任，也是一位财务人员，他风趣又有点“书呆子”气，看见我在礼堂后面，就对我挥了挥手。

当时同学们正在做活动，大家很难注意到他，于是他向后探了探身，从桌上抓起一个装有苏打水的塑料瓶，像木槌一样在敲在桌子上，结果瓶子嘭的一声爆炸了，他和班上同学都大笑起来。这种荒谬的举动使每个人得到了放松，也唤起了大家的注意力，这时教室安静了下来，他微笑着向我挥手，把我介绍给大家。他介绍我时，我感到自己变得高大、自信了。

教授对他自己很满意，这种自我接纳得到了学生们深深的尊重。他对待工作认真，但并不吹毛求疵，他总是自信又平易近人。他为别人创造了空间，让他们觉得自己高大、自在、自信。

这种感觉会直接影响我们的自信心。许多自信心不足的人常常拿自己和别人比较，而真正的自信是诚实地评估自己的价值、经验、智慧和能力，同时也尊重他人的能力和贡献。

现在我邀请你回想一下自己感到自信的经历。

在什么情况下你会充满信心?

____

____

____

这种感觉是由哪些因素造成的?

____

____

____

在什么情况下你觉得自信消失了？

____

____

____

这种感觉是由哪些因素造成的？

____

____

____

我们离开后，他人如何讲述关于我们的故事

最近，我们为一家大型欧洲银行开展领导力培训，我负责指导一个由四位管理人员组成的团队。培训开始前，我和每位成员都进行了电话沟通，前三个电话让我感到小组成员开放、投入、富有创造力。

第四个电话的情况不太一样，沟通对象是一位叫佛朗哥的比利时管理人员。谈话时，我能感觉到他保守、顽固，还有点不耐烦。在研讨班开幕式招待酒会上，我和小组成员围成一圈聊天，佛朗哥也加入了我们。轮到他自我介绍时，他的表现很生硬，脸上似乎戴着一个面具，他拘谨、中规中矩，让人感觉很冷漠。大家试着让他加入聊天，但他不为所动，大家便不再理会他。

在为期三天的领导力培训即将结束时，发生了一些不太寻常的

事。我和四个小组成员围成一圈准备做最后的汇报，我要求所有人都要分享自己对团队每位成员最初和最后的印象。

其中一位成员把头转向佛朗哥说："我们第一次遇到时，你看起来有点冷漠、清高。开幕式招待酒会上，你给我留下了同样的印象，我感到很失望，对你产生了比较消极的感觉。你说过的话统统被我当成了耳旁风，我不想理会你。"

这位成员继续说："但是，在一起工作了三天后，我发现你是团队中最慷慨、最大方的人，你全心参与了培训中的模拟练习，你会主动提供帮助。在反馈和个人成长环节，我认为你表现得最为开放。"

这期间究竟发生了什么？

其实，并没有什么特别的事情发生，佛朗哥性格内向，他只是对最初的电话介绍和大家刚刚见面时的寒暄闲聊感到不自在，这种不舒服影响了他的表现。他也没有意识到那些最初印象时刻影响着别人对他的看法。直到后来开始和大家一起研讨和练习，他才放松下来、敞开心扉，最终让真实本性得以显现。但是，现实生活中，我们几乎没有机会改写我们给别人留下的第一印象。

扩展表现力需要学习，请考虑我们需要培养何种能力以增强自己的表现力。写下某种具体情况下你如何出场，你希望自己如何出场，以及你需要采取什么行动来获得预期的表现力。

你的能量

- 情形：________________________________
- 目前状况：________________________________
- 理想状况：________________________________
- 采取哪些行动：________________________________

你的身体状况

- 情形：________________________________
- 目前状况：________________________________
- 理想状况：________________________________
- 采取哪些行动：________________________________

你的情绪：

- 情形：________________________________
- 目前状况：________________________________
- 理想状况：________________________________
- 采取哪些行动：________________________________

你的声音

- 情形：________________________________
- 目前状况：________________________________
- 理想状况：________________________________
- 采取哪些行动：________________________________

你的思维方式

- 情形：________________________________

- 目前状况：________________
- 理想状况：________________
- 采取哪些行动：________________

什么会阻止你以上述方式扩展自己的表现力？

____

____

____

完成这些练习后，你可能发现自己还有一些功课要做。也许一天里你感觉自己渺小的时刻比想象的要多。不要让这种感觉压倒你，扩展表现力是一门艺术，需要不断练习并增强自我意识。记住：扩展是一种选择，你练习得越多，扩展就越容易。

找到自己的声音

每个人都想找到自己的声音，但很难。许多企业对员工有不切实际的期望，这使他们很难表达自己的想法。随着时间的推移，员工会跌入完美主义和自我怀疑的怪圈中。那么，我们该如何克服这些障碍，挑战自己，突破现状，让我们的声音被别人听到呢？让我们一起来看看。

在日历上画一个叉

有时需要“欺骗”才能找到自己的声音（和最佳自我）。给大家举一个“良性欺骗”的例子。我在麻省理工学院工作的时候，遇到过一位名叫阿什莉的客户。我们合作前，公司把她从本地办公室调到了外地办公室。新同事比她年长，经验也丰富得多。这里的办公室文化是这样的：领导者讲话时团队成员要洗耳恭听，表现出服从的样子。这与她从小生活的当地文化形成了鲜明对比。当地企业鼓励女性和团队成员多说话。阿什莉还发现一位管理人员平时高高在上，对办公室所有人都视而不见。

阿什莉的任务是接管一个由 5 人组成的小型销售和营销团队，这几个人一起工作了近 15 年。阿什莉发现，如此长时间紧密工作的团队却有几个人大部分时间彼此不说话，这使她感到很困惑。是什么导致这些日复一日在一起工作的人关系如此紧张？她决定与团队成员进行一对一谈话，结果她揭开了背后的秘密。

她发现，这个办公室管理不善，公司充斥着相互偏袒、缺乏目标、员工之间相互评判指责等不良风气。为了改变这种不正常的气氛，她开始与团队成员合作，试图找出隐藏的问题，她在销售和营销之间创建联合收益计划，对团队成员的行为和目标设定预期。

制订了新计划后，整个团队面貌发生了改观，团队成员开始一道努力取得好业绩。作为一名领导者，阿什莉做得非常出色。但两年半后，她感觉自己筋疲力尽，所有的努力并没有得到领导的认可，上层管理者似乎对她依旧视而不见。

自己的努力没有得到认可，阿什莉决定离开公司。不过，她不想为此失去一年的奖金，因此她拿出日历，找到了合适的日期，在上面画了一个叉，准备等拿到奖金后离职。想到自己早晚要离开，她决定不再隐瞒自己的想法和意见。

随后却发生了一系列令人惊喜的事情。当阿什莉开始说真话、毫无保留地分享观点、其他人开始倾听和关注她时，大家被她的勇敢打动了，她变得比之前更出色。

仅仅几个月，高管就发现了阿什莉给公司和团队带来的积极影响，并对她的努力表示认可。她打开了良好的局面，这使她几乎忘记了日历上的叉，最终她留在公司工作了好多年。

这个故事最引人入胜的是阿什莉决定离职后，感觉自己没有什么可失去的，这个时候她找到了自己的声音。通过“欺骗”自己，她摆脱了内部或外部的约束，最终能够大胆说出自己的真实想法，一些不寻常的事情随之发生了，比如周围同事感受到了她的反应以及她大胆、无所顾忌的努力，这些最终促使她找到了最佳状态。

当然，对许多人来说，不计后果地说出心中的想法既不可行，也不现实。但是，想发现自己的声音，那些看似很小的行动也会产生重大影响，比如改善现状或增加对话的价值。

你能在日历上画一个什么样的叉来释放你完整而真实的声音呢？请考虑以下想法。

- **有自己的观点**。增加对话价值可以有多种形式。让大家知道你有新颖的观点可以提高你在团队中的价值，你可以提出有深度的问题启发团队成员考虑其他意见或建议，这种做法可以避免团队犯错带来的高昂代价。
- **在他人观点的基础上提出自己的看法**。你有没有这样的经历，会议上有个同事分享了一个和你类似的想法？与其沉默，不如表现出你的兴趣，你可以赞同同事的观点，然后在这个想法的基础上提出自己的观点。为某个想法增加动力是强有力的领导力的体现。
- **呼吁暂停**。大家忽视某个观点，或是会议偏离轨道时，分享自己的看法能帮助团队增强意识，集中注意力。

在这里写下如何发出你的声音。

____

____

____

旅程刚刚开始

提出自己的观点并影响他人，这仅仅是漫长的自我发现和领导力建设过程中的第一步。但是，凭借明确的观点、坚定的价值观和原则，以及独特的领导力，你将为下一步做好准备：在发展和完善“成为真正富有成效的领导者”这一愿景的过程中，让自己的意见发挥作用。

第四章

将表现力扩展到冲突中的艺术

别自欺欺人，冲突从来不是因为表面显现的问题，冲突的根源在于一个人未提及、未治疗和未痊愈的伤口。

——佚名

上一章，我们探讨了扩展的艺术，并将其作为克服自我渺小感、提出自己的观点、发现最佳自我的一种途径。我们尝试在经验和意识培养方面应用扩展的艺术，包括与我们在一起时，他人对我们的感受和他们对自己的认识。我们学会了如何走出沟通的舒适区，创造让其他人感觉舒适的环境。

在理想条件下，我们可以轻松掌握扩展的艺术。但是，如大家所知，真实的工作环境存在各种问题，你可能有位总想贬低你的同事，或一位紧盯着你错误的主管，在这样的情况下，扩展会遇到阻碍。

也许，你处于提倡竞争的企业文化中，这种文化让同事明争暗斗。不管情况如何，大多数冲突都与差异有关，这种差异往往是因为观点、背景、性别、领导风格、期望、动机或个性不同。

将表现力扩展到冲突中意味着，你依然要成功发挥自己的领导力，即使是在你的最佳自我受到影响时。问题在于我们如何在冲突中保持自身的高大感。

如何在冲突中前行，并将表现力扩展到冲突中？我们对这个问题了解得越深入，就越能感受到这种努力在声誉、信任、降低风险和提高业务能力方面带来的益处。

根除功能障碍，从你自己开始

你是否有过这样的经历：你参加了一个会议，团队已经就工作方向达成一致，这时却有人低声说“浪费时间，这个目标永远不可能实现”。我敢肯定这种情况每个人都经历过，甚至那个低声说话的人可能就是我们自己。不管怎样，这些评论是具有破坏性的。我们不能与那些人同流合污，我们必须正视这种行为，或者提出有力的问题来与团队成员展开真实对话。

另一个有用的策略是，审视自己及其他成员为什么不愿意在公开讨论中发问或发表意见。我最喜欢的一句话是：“领导权会落在现场自我意识最强的人身上。”将领导力扩展到冲突中是积极的、富有成效的、有意识的行动艺术。

培养韧性

> 羞耻感会腐蚀我们相信自己能够改变的能力。
>
> ——布琳·布朗（Brene Brown）

当你面临重重困难，无法成为最好的自己时，会发生什么？当事情没有按原计划进行，你因此受到责备时，你将如何调整？你会如何应对尴尬以及羞耻感？

你需要培养韧性。

韧性是从创伤事件中复原的艺术。正如布勒内·布朗所说："当我们介入整个事件并承诺自己会对其负责时，（培养韧性的）过程就开始了。"培养韧性从自我审视开始，这一步很重要，因为你必须了解自己在整个事件中扮演的角色，明白哪些因素是可控的，而哪些因素是不可控的。接下来，你需要将那些对你来说重要的东西以及你内在的价值重新联系起来，提醒自己你所做的贡献。最后，还需要扩展并分享这个故事。布朗解释道："如果我们能与有同理心和理解力的人分享我们的故事，羞耻感就不会存在了。"[1]分享会让你充满自信地重新回到工作场所，重新回到你所承担的角色中。

大失败—大恢复

2002年年初，我在波士顿一家小型培训公司担任客户经理。那时有家咨询公司是领导力培养计划的主要实施者，我们刚刚与它们合作完成了一个项目，而我是那个项目的负责人。我当时声誉良好，人们说我可靠、灵活、不怕压力。不久，那家咨询公司的另一位成员与我们公司联系，希望我们能参加他们面向新客户的宣传活动。当时我们的首席执行官，也就是我的直接上司，为此召开了会议。会议决定让我参加宣传活动，不过我的发言被安排在我们机构另一个主要发言人之后，然而，主要发言人有事不能出席那次宣传活动。

我立刻表达了我的担心，我觉得自己还没准备好独自参加这种活动，但没人听我的意见，他们继续讨论其他问题。我再次表达了这一担心，但仍没有获得关注。在我第三次表达我的担心后，我挺直了腰板，接受了作为我们机构主要发言人出席活动的任务。

第二天，我独自一人来到会场。我遇到了负责整个宣传活动的顾问。我们就演说形式交流了几分钟，然后我重申了我的担心，告诉他如果我发言不顺利，他一定要及时救场。对我一而再，再而三的担心，他似乎充耳不闻。

整个宣传活动分为三个部分，前两个部分进展顺利，这期间的演说以及方案交付由我和他们的远程主管负责。但在远程主管挂断电话后，现场的情况急转直下。客户要求我将刚刚阐述过的方法再生动地说明一下。那时我主要负责主持会议而不是战略定位，阐述方案不是我的专长，尽管我竭尽全力，但仍无力让对话回到正轨，那是一种缓慢而又猛烈的失败过程。我向之前那位顾问求援，而他竟然从桌子旁边一直退缩，故意和我保持距离。离开会场后，客户的一位高级主管对我说了几句鼓励的话，还说每个人都有不顺心的时候。

回到家后我感觉非常沮丧，不断回想会议的失败及其原因。我产生了各种各样的想法："我会被解雇吗？""我是不是留下了不好的记录？”“我还怎么在办公室露面啊？”

还好，我没有继续沿着这个思路想下去，我提醒自己我的内在价值，我已经尽力在为成功创造条件。我本来可以不去，但那不是我的风格，也不是一个正确的选择。我决定不再让这件事影响自己。

为了重新获得力量，我再次结合自己的目标（我的目标是帮助别人建立自信），回顾过去几年所做的工作，我意识到自己正在向目标迈进，无论如何，我还会继续这样做。

第二天回到办公室，我找机会和公司主管进行了交谈。她很有同理心，也很和蔼，她向我保证一切都会好起来，还说没什么可担心的。首席执行官还暗自解决了顾问和潜在客户之间的问题，最终我们赢得了这个项目，虽然项目主管不是我。

我没有被这件事吓到，尽管这并不容易。在接下来的两个月里，我集中精力做自己的工作，赢得了公司有史以来最大的一个项目。我从第一次失败中汲取了深刻的教训，那次失败教给我太多，也成就了后来那个令我真正骄傲的时刻。

在这段时间里，我在思维方式、韧性和成长等方面获得了宝贵经验，我变得更加强大。

工作 12 年后，我离开了这家公司，在我和首席执行官的离职面谈中，他说了一句很尖锐的话：“我从来没想过你能从那次失败中恢复。”我多么幸运，我拥有可以让自己复原的工具，如果首席执行官能在我背负压力时伸出手来帮我一把，我想结果会有更大的不同。

韧性是需要后天培养的一项特质，扩展能力也是一项需要后天学习的能力。在首席执行官不知情的情况下，我依靠韧性和扩展能力取得了成功。

“是金子，杰瑞，是金子！”

喜剧演员杰瑞·森菲尔德（Jerry Seinfeld）是一位很懂得利用同理心方法的人，下面这段话是森菲尔德在网上发布的内容。

> 职业生涯早期，我突然很想成为为“不受他人欢迎的人”提供服务的心理治疗师。发现有人说难听的话时，我会同情他们，设法帮他们解决问题，找出让他们烦心的根源，尝试理解他们的愤怒。结果，这个过程为我开辟了一条全新的、有趣的、成为喜剧演员的道路。我经常会说“你看起来很难过，我知道你也不想让这样的事发生，我们来谈谈吧”，以缓和事态。[2]

森菲尔德使用的是将领导力扩展到冲突中的方法，他没有袖手旁观、置身事外。被恐惧、后悔、失落或其他负面情绪紧紧抓住时，我们很容易把这些情绪投射到其他人身上。多数情况下，当我们认识到自己的负面情绪并开始释放它们时，我们也就开始了化解冲突的过程。这个过程对领导者尤为重要。

一旦领导者获得了更深层次的自我意识，学会了如何释放负面情绪，他们就会变得更具同理心，能够推己及人。反过来，这也让他们有能力更好地解决冲突。

我为很多人开展过领导力培训，不少人只根据片面信息就做出假设，处理与责任和冲突有关的问题。如果你不知道导致混乱的原因，那么一定要小心，一定要保持好奇，要进一步询问，增强自身对这些情况的理解力以及对这些事的应对能力，而不仅仅是被动地做出反应。不要回避问题，要进入问题。这种方法能平息并消除有争议的问题，会让事件双方产生共鸣，从而相互理解和信任。

假设你所在的单位以技术见长，在帮助大公司转换系统数字信息方面拥有良好的口碑。你和公司训练有素的工程师团队已经在客户所在地工作了好几个月，你与客户并肩工作，你经常发现工作中存在项目设计之初没有考虑到的深层次问题，这时候你该怎么做？低头不作声还是勇敢地向客户提出这些问题？当客户意识到你是在全心全意地帮助他们、为他们利益最大化而努力时，你就赢得了他们的信任。

但是信任受损时又会怎样？发现双方团队互相指责时该怎么办？这是许多机构在处理复杂业务时经常遇到的问题。

一位叫艾尔沙德的合作者讲述了这样一个案例，该案例与数字信息转换项目的合作有关。

从潜在诉讼到600万美元的支票

2016年8月，我们已经花了18个月帮助一家能源经销公司做大型数字化改造项目，最近半年，各种问题层出不穷，比如没有达到之前和客户商定的阶段性目标。进度每停滞一次，两队人马就要坐下来重新讨论阶段性目标，然后重新执行。新目标是9月启动项目，也就是在一个月之后。

我们把消息告知客户团队，他们却说："9月份不可能！"

大家集体做了深呼吸，然后提议将启动日期延迟到11月。我们自信地认为，推迟到11月将给双方留下足够的时间来解决所有问题。

可他们要求再往后推！因为11月正是他们年终结算的时候，他们实在没有精力兼顾两件事，所以提议来年3月再启动。于是，双方陷入了僵局，我们不可能等到3月啊！让我们再等6个月，这会严重超出预算。而且，这样做极有可能使我们的信誉受损。

团队成员都很愤怒，我认为如果不能迅速解决分歧，我们将面临一场艰难的诉讼。我感到极度焦虑，我们承担的风险很高，我们需要尽快解决这个问题。

迎接挑战

就在这个时候，我参加了领导者咨询集团开设的课程培训。课程第一天，老师通过几个体验练习帮助我们增强对主要利益相关者的影响，其中包括如何充分进入临在状态并深入倾听他人的需求和顾虑。我最喜欢的部分是如何使用简单有效的自我调节练习来帮助自己进入临在时刻：呼吸—联结—沉着。它听起来很简单：深吸一口气，联结自己最重要的东西，然后呼气，同时将注意力放在自己的内心深处。很快我就了解这些工具在与客户的后续沟通中何等重要。

课程培训那天下午，大家研究了坦诚交流和解决冲突的模型，这个模型包括四个步骤，观察—思考—感觉—需要（Observe-Think-Feel-Want）。人们需要先观察事实，然后思考当事人背后的顾虑，考虑那些顾虑带给他们的感受，最后再思考他们需要的是什么。

我主动把自己当时面临的问题分享给大家，供全班同学讨论。我给大家介绍了双方团队的沟通情况，并提到第二天早上我要与对方进行电话沟通。

随着大家对模型的研究不断深入，我也发生了一些变化。开始时，我把责任推到客户身上。这时，老师马上提醒我不要责怪对方，先体会一下自己的感觉。这时我有了一种很特殊的感受：面对尚未解决的事情，两种截然不同的情绪在我内心中升腾，一方面，我似乎看到了完成项目的曙光；而另一方面，我感到担忧和沮丧，两个团队无法达成共识，无法继续前进。

然后老师要求我以客户的视角看待这件事，正是这个过程打开了我的眼界。通过考虑客户的所见、所思、所感和他们的需要，我从自己对整个事件的看法中摆脱了出来，我有了同理心，能够站在对方的立场考虑问题。

正是从自己和客户两个视角考虑问题，我意识到了问题的根源。公司采用的是固定定价，我们总感觉客户想从我们这里压榨更多的维护服务，这使系统启动日期一拖再拖，对此我们感到沮丧，当然会责怪客户。我们想的是快速搭好框架，将系统运行起来，而客户和我们的想法不一样，他们指责我们偷工减料，没有给他们带来最大价值。

由于存在上述阻碍，双方在沟通中很难达成一致。

项目还要继续进行，我必须将双方的矛盾告知客户。那天培训结束时，我对第二天早上的电话会议充满了信心。

继续前行

那天晚上，我把自己的想法写了下来，现在我能更好地站在对方的立场上考虑问题。我意识到，在我方固定定价策略下，对方管理者在其团队中失去了权威，其团队成员没有动力判断哪些服务属于“值得拥有”，而哪些服务属于“必须拥有”。客户团队成员不再回应管理者的要求，也不觉得必须继续前进。此外，对方管理者所在公司的指导委员会也对这个项目失去了信心。为了重获委员会的认可和团队影响力，团队管理者需要采取适当的激励措施，而固定定价策略又让她无能为力。

对于即将进行的通话，我的目标是制订计划赋权给对方团队管理者。但在这之前，我和她需要建立联系，我需要在电话中和她充分交流，并表现得冷静和克制。我们开始通话，观察—思考—感觉—需要模型为我提供了清晰的指导，使我们能够沟通彼此的现状，而不陷入互相指责中。在谈话中，我仔细倾听她说的话，想知道她是否和我一样感受到了这种矛盾。她说她知道完成项目有赖于她的团队做出改变。电话结束时，我们都受到了激励，同时感受到了工作的紧迫性。下一步我们会与所有关键负责人讨论如何推进工作。最后，从她的角度看，她认为我们的工作价值大于他们欠我们的 600 万美元，于是她决定立即付款。

甜蜜的胜利

第二天，我回到领导者咨询集团课程培训现场，发现小组成员已经开始了另一项新练习。我一到，每个人都转过身来看着我，想知道我那个电话究竟效果如何。我笑着告诉大家，这个模型给我提供了一种清晰的思路来表达我的想法，过去几个月，双方沟通不畅，但此时，这个模型对我们双方都产生了影响，让我能不带任何抱怨地和对方沟通交流。在电话中我对客户说："我们希望在预算范围内让平台准时上线，我想这也是你们想要的。"她表示同意。然后我说："我知道你希望在整个过程中受到公平对待。"她说是。然后我说："这也是我们所追求的。"这是几个月来我们第一次站在谈判桌的同一边，就前进方向达成一致。

总之，我们走出了彼此评判和责难的循环，在这三个关键方面达成了共识：拥有共同的结果、双方价值观保持一致、受到公平对待。这样的结果当然是双赢。

反思：重要时刻

在与艾尔沙德一起工作几个月后，我问他和客户的合作情况。他高兴地说，他和客户还在合作，共同推出了数字化信息平台，这是有史以来最成功的一次发布。他还说有几个重要时刻发挥了作用，尤其是那次与客户会谈，对方团队的管理者就其团队之前的行为专门向他致歉。

艾尔沙德认为，对方说的那些话意义非凡，他也马上承认自己团队没有很好地解决客户提出的问题。这是他们二人建立联结的重要时刻。客户说，新定价策略到位后，她就告知团队成员禁止做出负面行为，在她的领导下，这个项目成功启动，这给公司的指导委员会留下了深刻的印象。艾尔沙德说客户管理人员的形象和言谈举止都变了，她显得更高大，声音也更洪亮，内心变得更轻松。这个项目不仅带来数字化信息平台的变化，还带来一种人格的转变。

关键沟通技能

领导企业实施全面变革计划的最佳服务提供者都知道，他们的工作实质上不能只靠技术力量解决，成功来自建立和维护高质量关系的能力，以及解决不断出现的与客户的人际关系和人际冲突问题的能力。与客户之间的问题往往表现为双方期望不同、沟通不足以及相互指责。在本案例中，两个团队之间根深蒂固的不信任源于固定定价策略，价格制定方式为不同团队创造了不同的激励模式，改变价格策略，恢复对方管理者的权威后，两个团队最终协同一致，能继续向前推进工作。

艾尔沙德带来几个重要的经验教训。

视角　持续学习是一种心态。我们每天都忙于日常事务，忙于执行大量工作任务，此时需要后退一步，反思一下自己，从事务的各个方面审视参与者之间的交互作用。

技能　我们不可能知道所有问题的答案。即使是某个领域的精英也需要时间来学习和成长。在与客户及其团队合作时，自律、表现力以及沟通技巧方面的训练至关重要。

实践　在安全的环境中尝试新做法至关重要。同事可以提供及时有用的反馈和见解。互相学习和交流有助于增强我们面对客户时的表现力。

将表现力扩展到冲突中需要勇气，需要直面自己内心的恐惧和不安，需要放弃那种“你想让别人如何”的思维模式，需要心无旁骛地与他人充分接触。当你不再固守自己的立场时，当你愿意倾听并真正赞同别人的观点时，奇迹就会出现。你会发现对方不再充满防备，他们会放松，会放下自己的立场，真正的对话会就此开启，而这会让每个人感到舒服。

第五章

身体表现力和声音表现力的艺术

在你穿戴的所有东西中，表情是最重要的。

——珍妮特·莱恩（Janet Lane）

保罗·埃克曼（Paul Ekman）博士发现，人们隐藏自己的情绪非常困难，人的真实情感会在1/125s内以非常细微的表情显露。埃克曼博士认为世界上共有7种情绪：愤怒、恐惧、悲伤、厌恶、惊讶、轻蔑和幸福。这些情绪都会通过我们的面部表情传达出来。因此，了解面部表情，并仔细观察他人的面部表情，可以增进彼此的关系，建立同理心。

情感和表达意识的建立

我有个客户名叫罗伯托，他在巴西工作，是一位成功的经理人和领导者。他经常和员工打交道，喜欢在车间里边走边看，和大家问好聊天，大家感觉虽然和他很亲近，但很难了解他的真实想法和感受。他的妻子曾经说："罗伯托，你高兴时脸上没有表情，你生气时脸上也没有表情，你难过时脸上还是没有表情（见图5-1）。告诉我，你究竟有什么感觉？"

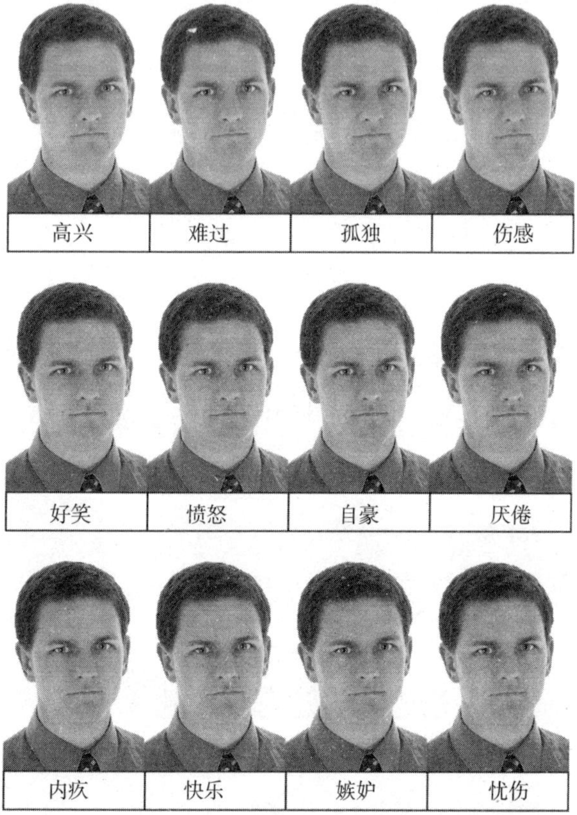

图 5–1　罗伯托的情绪和表情

罗伯托无法表达自己的情绪吗？当然不是。那么，究竟是什么让他在工作中喜怒不形于色呢？他能找到的唯一答案是他对待工作过于严肃认真，但他从来没有想过这样会对他人产生负面影响。

不说话时，我们的面部表情传递出什么信息

作为一名表演艺术家，多年来我一直在努力探索如何通过面部表情和身体姿势表达情绪。我经常会有压力，于是我会在办公室里来回踱步，脸上带着紧张的表情。

直到其他同事和我说，我才意识到自己皱着眉头，这种表情仿佛在说“我很忙”，难怪大家不敢接近我。但我绝不希望这种表情变成我的标志性表情，我意识到我得做出改变。

标志性表情

你知道自己的表情是什么样的吗？你知道自己有标志性表情吗？我们先来做个实验。你能猜出图 5–2 是谁吗？

图 5–2　你知道这个著名的微笑是谁的吗

如果你猜是斯坦·劳雷尔（Stan Laurel），那么祝贺你猜对了，他就是著名的无声喜剧演员组合劳雷尔和哈代中的劳雷尔，他的脸就是他的标志。他的表情看似自然，其实经过了很多年的练习。这就是面部表情的力量。

如图 5–3 所示，选择其中一个表情。你能通过面部表情表现这种情绪吗？再试试别的表情。多做几次，看看你脸上的变化。不要只注意大变化，也要注意脸上的小变化。你做每种表情时感觉如何？做特殊表情时，你有不同的感觉吗？

图 5–3　试着练习这些表情

情绪是沟通能力的重要组成部分。正如戏剧专家玛莎·奥尔德森（Martha Alderson）所说：“情绪具有普遍性、可传达性和人性。

情绪永远是真实的。”[1]

许多与我合作过的高管都很有头脑，他们的聪敏主要体现在理性思维能力上，如果看他们的肢体语言和情绪，丝毫看不出他们有什么过人之处。事实上，我们越了解自己的情绪、越了解如何通过面部表情表达情绪，我们就越能恰当地做出反应，并利用情绪来更有效地影响和领导他人。

暂停点

这个地方需要做个特别声明：对于那些没有强烈自恋倾向、反社会性或边缘性人格的人来说，“情绪表达的是真相，情绪带着真相”这种观点是正确的。如果某人有上述人格倾向或完全表现出上述人格特征，那么他们的情绪就是不真实的、虚假的产物。这就是为什么具有这些人格特质的人往往会成为现实中出色的操纵者，他们挫败了我们的情绪筛选机制。

要想成为卓有成效的领导者，我们还需探讨如何增强意识，让我们能更清楚地感知我们的情绪以及面部表情。

培养自然状态下的得体微笑

我们是因为高兴而微笑，还是因为微笑而高兴？研究已经证实，我们身体某些部位的状态（主要是面部表情）会强化我们的内心感受，相反的情况也成立，即身体姿势和面部表情会影响我们的实际感受。面部表情不仅在向他人传达我们的心境，也在向我们自己传达我们的感觉："我微笑，所以我肯定是快乐的。"[2]

要想找一个能表达满足、自信和大方等情绪的微笑，我们可以对着镜子试试不同方式的微笑，尝试表现过度自信的表情、苦笑、傻笑，然后找到一种最能显示你慷慨大方的内在、与你的自我相联结的那种微笑，并把这种微笑当作你平时的自然表情。

试验

试着将这种自然状态下的微笑保持一整天，记录自己的感受。一天结束后回答以下问题。

自然的微笑什么时候最容易出现？

____

____

____

你觉得什么时候保持自然微笑很困难？

____

____

____

发现自己的表情

怎样才能更清楚地意识到一天中自己脸上的各种情绪和表情呢？如果你不知道如何提高自我意识，请尝试以下练习。

深呼吸，做选择。具体方法是：每当你发现自己脸上带着消极情绪时，深呼吸、放松，让那种表情消失，然后让自己变得积极。你这样做时发生了什么？

____

____

____

扩展身体表现力

如果你的孩子在跳芭蕾舞，那么你大概和我一样已经参加过一两次胡桃夹子演出了。胡桃夹子是学校每年的传统剧目，是所有年轻而专业的舞者的一种仪式性表演，是允许所有年龄段的人参与的芭蕾舞剧。某个场景中有个角色叫生姜妈妈（Mother Ginger），这个角色通常由一个穿得像主妇、踩着高跷的男性来扮演，他们穿着巨大的裙子，裙子里面可以容纳十几个年幼的木偶小人舞者（见图 5-4）。

图 5-4　赫拉尔多·因特里亚诺（Gerardo Interiano）

注：谷歌美国西南部对外事务主管，在奥斯汀芭蕾舞团扮演生姜妈妈。

两年前，我女儿在这个特别的场景中扮演木偶小人，而在那场表演中，学校邀请我扮演生姜妈妈！我欣然接受了这个角色，因为我想和女儿一起上台表演。

在扮演这个角色前，我已经看过太多次这个节目了。还记得第一次看到生姜妈妈的场景，那个扮演者爸爸走上舞台后就一直低头看着地板，大概他很害怕摔倒。作为观众，我时刻为他捏着一把汗。到今天我依然记得看到他时自己身体多么紧张。有意思的是，学校第二天晚上上演的还是相同的剧目，但这回我看到一个完全不同的表演者。舞台上的演员站姿挺拔，显得很高大。当他自信地走上舞台，挥动双臂向全场观众致意时，我能感到他浑身洋溢着的热情。看他表演真的特别有趣，他的身体表现力和洋溢的激情影响着观众。他深深吸引着大家的目光，让观众不由自主地身体前倾，不由自主地与他及其他表演者保持互动。他给我留下了深刻的印象，也为我表演这个角色提供了一种示范，因为我也想为观众创造同样的体验。

第二天排练时，我踩着高跷站在舞台中央（穿着街头服装），望向舞台下的 1 500 个空座位，我举起双臂，有意识地将我的表现力扩展到整个空间。我说："我临在且开放。"我希望每个人都能体验到之前我看那场表演时的感受，我希望每个人能够投入，能因为我的表演而感到兴奋、振奋。通过练习，我为自己创造了一种感觉记忆，我要带着这种记忆表演。

临在且开放

如果你有属于自己的私密空间，我建议你现在就试试这种"临在且开放练习"；如果没有，那就尽快找一个可以练习和试验的私人空间。

首先，想象你正站在一个空荡荡的舞台上，你置身于一个大礼堂中，你举起手臂，说："我临在且开放。"这样，你可以通过你的表现力与剧场里的每个人保持联结。

再说一遍"临在且开放"，你感觉如何？你想到了什么？你有信心吗？你觉得自己有底气吗？是否感觉自己暴露无遗、感觉自己很愚蠢？增强表现力就是要适应这种感觉。在我40多年的艺术表演生涯中，这是我学到的最重要的知识，也是领导者表现力的关键所在——同时体现自信和平易近人的特质。你需要找到自己的方式来“临在且开放”。

力量流失

你是不是经常双臂交叉、把手放在口袋里、坐立不安、身体来回晃动？这些动作往往体现了你内心的不安、揣测、厌倦以及想自我保护等，属于防御性肢体语言。这些动作会让你的力量流失。任何人都会无意识地做这些动作，但这种状态需要改变。

会让你力量流失的习惯性动作有哪些？

____

____

____

这些会让你力量流失的习惯性动作向别人传递出什么信息？没有安全感？紧张？没做好准备？还是你已经黔驴技穷了？

____

____

____

你想传递给对方的信息是什么？

____

____

____

要想将正确的信息传递给对方，你要做哪些改变？

____

____

____

我们需要集中注意力，这样才能摆脱那些妨碍我们培养自若仪态和表现力的因素。

再尝试一下“临在且开放”的练习，这次我们按照之前“呼吸—联结—沉着”的顺序开始。举起双臂，吸气，在心里默默扩展你的表现力。然后按照“呼吸—扩展—沉着”的步骤开始。记住，当你有意识地告诉自己要扩展表现力时，你会努力让自己更开放、更大方。

当你呼吸时，你的观众会和你一起呼吸

这是艺术表演的一个基本原则。登上舞台面对观众前，请先停下来花一秒的时间做一次深呼吸，然后让自己微笑、联结、呼气，并与观众一起在舞台进入状态，让他们带你进入临在时刻。在小

规模表演时试试这个办法，你可能会注意到很多人在和你一起呼吸。这是一个重要概念，它基于神经科学家贾科莫·里佐拉蒂（Giacomo Rizzolatti）发现的镜像神经元，即一种脑细胞，意思是人们如果目睹其他人做了某个动作，他们就会做出同样的反应，这是对其他人行为的直觉反应，也是人们即时、本能地理解他人的想法、感受和意图的方式。

开始讲话前做一次深呼吸，这会让你身心放松、注意力集中。反过来，你的观众会和你一起呼吸、放松，然后将注意力集中在你身上。

这也是管弦乐队指挥的秘密。想象你在一场交响乐音乐会上，正式演奏开始前，你坐在观众席听演奏者做热身练习。乐队指挥走上舞台，他轻拍指挥棒以引起演奏者注意，演奏者依次把注意力集中在指挥身上，然后大家保持同步，在演奏即将开始的那一刻集体呼吸，这就是管弦乐队中演奏者们保持同步的原因，也是演员和观众保持同步的一种方法。

入场

大师级的表演艺术家会花大量时间教学生如何入场。记得有部电影叫《走钢丝的人》，其中有著名走钢丝艺人菲利普·珀蒂的一场戏：走钢丝大师在和他谈话，指导他如何上场。大师鼓励珀蒂慢慢走，然后停下来看着观众，做一次呼吸，接着让观众“带你进入”。记住，什么都不要做，他命令珀蒂，要充满力量地站在那里，保持住，掌控空间，抓住观众的注意力。整个过程比你想象的要长，所以不要着急，要从容镇定，用你的自信充实这一刻。

我在培训领导者表现力时，会要求参与者站成一圈，轮流走到圆圈里的空位上做这个练习。整个练习是这样的。

走到圆圈中的空位上，静下来，用一点时间做“呼吸—联结—沉着”练习，然后抬起眼睛，和周围的人互动；慢慢抬起手臂，吸气，和其他人联结，接着说：“我临在且开放。”然后慢慢放下手臂，放松一下，走回自己的位置。

这个过程看起来简单（甚至有点“怪”），但它比你想象的更有效。这个练习要求你完全保持中立，放弃任何局限的想法或评判。这个练习会增强你的自我意识，让你有能力在最紧张的情况下“沉着”和“扩展”。

试着做一个试验

下次你在办公室或即将走进会议室时，要有意识地进入临在时刻和敞开心扉。你可以对自己说：“我临在且开放。”注意你处于这种状态时对他人的影响。

你做这个练习时，人们是如何回应你的？

____

____

____

你心不在焉或处于封闭状态时，别人是如何回应你的?

____

____

____

意识到自己正处于心不在焉的状态，你才有机会做出改变。

标志性姿势

许多现代艺术表演形式都起源于意大利早期的商演艺术，那时候的演出来自四处游走的乡村小剧团，观众对演出剧目中的人物耳熟能详，每个角色都有标志性的姿势和动作，如图 5–5 所示，演员们需要学习如何生动地扮演这些角色。

图 5–5　意大利早期商演艺术标志性姿势

这种表演技巧可以用来学习如何体现自己的标志性姿势。想想自己熟悉的角色展现出的自信姿态，比如下面这些角色。

- 马戏演员；
- 芭蕾舞演员；
- 武术大师。

做这个练习首先需要通读这部分内容，然后找一个私人空间练习 15 分钟。选择上述任一角色，想一想他们的能量状态如何，他们如何保持自己的状态，以及他们的身体姿势和肢体动作是怎样的。想象像这个人一样站着或走路会是什么样的感觉，这个人坐在椅子上是什么样的。假想你走上领奖台，你会如何上台，如何鞠躬，设想一下这个角色的标志性姿势。

刚开始做这些练习时，你会感到身体僵硬、不舒服、尴尬，这很正常。放松，深呼吸，记住，没有人在看你。图 5–6 到图 5–8 可以帮助你开始这个练习。尝试用几个词描述每个角色，这可以指导你做好练习。

图 5-6　马戏演员下达命令时的标志性姿势

图 5-7　芭蕾训练中展示优雅的标志性姿势

图 5-8　武术大师显示机敏自信时的标志性姿势

- 马戏演员是自信的、得意的、热情的。
- 芭蕾舞演员是高雅的、优美的、强健的。
- 武术大师反应机敏、招式流畅、动作危险。

如果这些角色中没有与自己产生共鸣的形象，可以另外找一些角色。想一想那些自信的人，找找展现他们外形和言谈举止的照片。

做完练习后，花时间反思一下，想想这些人必须经过多少训练才能达到今天的状态。你认为他们经受了多少考验、犯了多少错误、经过多少重复、面对过多少失败？想想他们下了多大的决心、表现出多强的韧性，以及多么期待成功，才达到今天的高度。

无论你选择哪个角色，你会发现这些人与众不同的地方在于他们出场时训练有素、带着自信、保持着最好的状态。我们也可以像他们一样，诀窍是将他们的表现力内化，成为你自己的表现力。

视觉化的力量

视觉化是一种有效的工具，可以帮助我们为重要活动做准备。找个安静的地方坐下来，花 5 分钟时间做几次深呼吸，联系你的标志性姿势。想象自己走进了一个会场或者登上了一个舞台，以此来塑造你新的行为方式。

视觉化是一种技术，是帮助各领域专业人员获得成功的一种工具。好的高尔夫球手会告诉你，早在十二三岁时，他们就已经想象自己在第 18 洞击球，并在全美公开赛中获胜；百老汇的演员会告诉你，他们高中时就已经在想象自己第一次在百老汇演出时的场景以及演出结束后如何向观众鞠躬致意。

想象自己实现了某个目标和我们小时候玩的过家家不一样，相反，这是一种促使我们在现实中获得成功的强大工具。脑科学家已经证明，人类的大脑无法区分想象的和真实的经历，成功取决于个人的承诺以及我们对成功的渴望。

找到你的火花

在最近的培训中，我和一位荷兰工程师一起工作，他想成为一位更好的领导者和沟通者，因此专门来鹿特丹参加我的培训。他告诉我他的孩子在上艺术学校，他在学校做了不少志愿活动。我问他所有志愿者经历中他最喜欢的是什么，当他说自己极其崇拜表演艺术家的精神时，我看到一种热烈的表情洋溢在他脸上，他变得非常生动。培训第二天，他要做一个演讲，我让他回忆前一天谈话时他脸上表现出的生动表情，他立刻明白了我的意思，那个生动的感官记忆就像火花一样提醒着他，改变了他的表现力，改变了他与团队的关系，改变了他传达信息的方式，也改变了小组与他的互动方式。培训结束一周后，他给我写了封信，他说这次培训最令他难忘的是他找到了自己的“火花”，之后他多次将这次培训中找到的“火花”作为让自己释放能量和增强表现力的触发器。

想想你释放自然表现力、能量、欢乐的钥匙是什么？是一段记忆、一幅图，还是身体的某种姿势？

____

____

____

扩展声音表现力

表演者不仅要学习如何培养自己的能量和身体表现力，还要学习如何扩展自己声音的范围、表现力和力量。为什么？因为人人都希望别人重视自己说的话，表演者希望他们的台词能影响观众。

商业领袖和表演艺术家在这方面没有什么本质不同，然而，我们听到的常常是单调乏味、毫无灵感的报告和演讲，会议中我们常听到各种专业词汇、缩写词和公司术语，我们对这种现象早已司空见惯。

在工作和生活中，这种平淡无奇、毫无特色、缺乏想象力的声音就是我们的背景音。这对大家来说也许是好事，因为我们有足够多的机会脱颖而出，就像手里拿着一个调色板，可以调配绚丽的色彩，足以给那些我们希望施加影响的人留下持久而难忘的印象，而我们要做的只是理解其中涉及的要素，意识到自己的声音具有影响力，同时愿意为提高声音影响力做一点练习。

理解声音

正如上面提到的，商业世界最常听到的是单调、乏味的声音，这是一种没有变化、没有音调、没有表情、没有意义的声音。听到单调沉闷的声音时，我们常感觉听不进去（大多时候，单调的声音伴随着平缓的情绪、平常的姿势和平静的面部表情）。

一个人的语调能反映他的活力和态度，我们从说话者的语调中获得语言的即时意义。

我们来一起了解最容易辨认的语调。

- 单调——一种没有变化、没有情感、没有意义的声音。
- 咄咄逼人——一种尖锐刺耳的声音，让人痛苦。
- 命令——一种能立即引起注意的咆哮声。
- 吸引人——一种能吸引听众的优美的声音。
- 疑问——一种在句末将音调提高的语调。大多数人都知道如何使用提问语气。疑问语气与上扬不同，上扬是将陈述转为疑问而发生的音调变化，而疑问语气是顺从和不安的表现，这种音调会削弱语言的可信度，讲话中应极力避免。
- 鼓舞人心——一种能让听众站起来欢呼的声音。
- 贬低——一种能让听者畏缩的声音。

我们的声音有一定的节奏和声调，它们能强化信息背后的含义，节奏和声调主要包括以下几种。

- 简短——一种简短、简洁的语言模式。
- 连奏——一种流畅而连贯的语言模式。

以下是一些增强音调和节奏的因素。

- 音高——从高到低。
- 节奏——从快到慢。
- 音量——由大到小。
- 音质——清晰、严肃、气泡音。对气泡音来说，你可以想想《绿野仙踪》中西方邪恶女巫的声音，这种音质会削弱你语言的可信度。
- 共鸣——想想《星球大战》中的达斯·维德。
- 清晰——想想英国人清脆的声音。
- 呼吸——这是所有伟大的声音的基础。

使语言生动

每当表演者拿到剧本，他们都会先读一下，感受语言的自然节奏。

我们可以以莎士比亚的一个戏剧为例。莎士比亚的作品常常包含很多密集的短语，需要精确地、有节奏地说出来，还要注意呼吸。下面的台词来自《哈姆雷特》一剧，是国王的首席顾问波洛尼厄斯的话，他被描述成一位智者，他用这番话来引导儿子。现在我们可以大声念一下。

> 尤其要紧的，你必须对你自己忠实，正像有了白昼才有黑夜一样，对自己忠实，才不会欺诈别人。(3)

练习得如何？我曾在培训中数百次介绍这个练习，结果发现在说台词之前或说台词时，几乎没有人会有意识地呼吸。我们来练习一下。

呼吸：训练问题

第一次阅读剧本时，训练有素的演员会寻找自然的停顿点，然后在他们呼吸的地方画线。它看起来像这样：

> 尤其要紧的，你必须对你自己忠实，/ 正像有了白昼才有黑夜一样，/ 对自己忠实，才不会欺诈别人。

现在，我们再试一次。这次，先呼吸，说出完整的第一句话，在呼气时把话说出来，然后再吸气，以同样的方式说出第二句和第三句。

有很多高管和我说，这是他们从我的课程中学习到的一个最重要的技能。你可能会问，为什么呢？我的一位好朋友是这样描述的。

参加重要会议前，我要确保自己讲话能与呼吸同频，要确保自己感到自在，不要急于表达观点，先让自己沉静下来，让自己进入状态。

当我和客户在一起时，我意识到自己的呼吸模式在发挥作用，我允许自己采取“呼吸、说话、停顿”的节奏与客户谈话。这种模式能让客户集中注意力听我讲话。这也给了客户一些时间来消化处理我刚刚说过的话，然后我再接着讲。

共振

想想电视新闻主播，他们的声音有共振，很庄严，还具有权威性。共振增加了声音的深度，释放了讲话者的信心，任何人都应该尽快掌握这个技能。

可以从打哈欠开始练习。试着先打个哈欠，然后吸气，接着在呼气时说出《哈姆雷特》的台词，你需要不断重复。

现在，试着用下面的方法让自己的声音更有深度。

- **“天有多宽”** 说话时张开双臂，夸大嘴巴的开合。当你说“宽”的时候，一定要张大嘴，露出牙齿。
- **“卢克，我是爸爸”**（发音是“ba”，要把“a”发饱满）这是我个人最喜欢的部分。把每个音节都拖长（b-a-a-a）。

吐字

有种说法是这样的：“如果你讲话时没有唾沫横飞，那说明你说的不是莎士比亚戏剧中的台词。”

吐字要清晰，要突出每个音节，夸张地发音是言语清晰的关键。

我们再扮演一次波洛尼厄斯，这次要让每个字都蹦出来，每个词结尾的辅音也要重重地发出来。

实践的艺术

有个故事是这样的。纽约57号街，一个女人从出租车上下来，看到有位男士拿着小提琴正走在路上，她上前拦住他的去路，问："究竟怎样做才能在卡内基音乐厅演奏啊？"那位男士毫不迟疑地回答说："练习啊！"

艺术道路始于你发现自律的价值并开始严格要求自己，只有这样，你才能做出成绩。

我建议你将波洛尼厄斯在《哈姆雷特》戏剧中说的话写下来，尝试用本章描述的节奏和语调，不管是开车去办公室时、还是梳头、睡觉时，找一切可以练习的机会加以练习。

你也可以和同伴一起练习，或者在手机上录视频。练习得越多，你就越能从自己的声音和别人的声音中感知细微的东西。

演员的秘密

你看过演出吗？你有没有在看某场演出时特别兴奋？走出剧院时，你有没有想过为什么有的演员每次演出都充满活力，非常专注、真实？其实演员有自己的"秘密"，为使表演永远都有新鲜感，他们会做一些改变，比如调整音质或习惯性动作，或者采取一种让其他表演者意想不到的方式说出某句台词。假如你要去演出，你会用什么办法？

戏剧独白

有个客户接受过我的培训，她说，她所在的部门有个副总裁极具表现力，他总是站姿挺拔，显得高大、稳重，也很自信，他的声音很有力量，但不生硬。她一直认为这位副总裁天生如此，直到有一天他们聊到这个话题时，这位副总裁说，他是一个比较内向的人，在社交场合总会感到局促不安，但他知道，如果自己想进步，就必须克服这种不适感。后来，他利用一年多的时间，每周参加戏剧艺术培训课，他增强了自己的表现力，这些练习推动了他职业生涯的发展。

你准备在哪些领域努力？先做出决定，再开始练习。

第六章

改变的艺术

我们只不过是在舞台上做一些本该发生的事情。如果我们把每个出口都看作通向别处的入口，那么这就是一种完整性。

——汤姆·斯托帕德（Tom Stoppard）《君臣人子小命呜呼》（*Rosencrantz and Guildenstern Are Dead*）

工作和生活令人苦恼的地方在于一天内要完成大量事务，如今有很多新科技能帮助我们工作，但问题是我们似乎变得越发心不在焉了。学习如何在工作和个人生活中把握变化，集中注意力关注变化，可以大大改善人际关系，提高工作效率。

本章，我们将介绍两种最重要的变化。

- 日常互动和活动中的小改变。
- 职业生涯中的巨大转变。

小变化和大变化都有内外两个方面。经济学家和领导力专家埃米尼亚·伊贝拉（Herminia Ibarra）解释如下。

> 外部过程是构筑一个人在领导力、潜力和能力等方面的声誉的过程，它极大地改变了我们对自己的看法；而内部过程则涉及我们自身内部动机和自我定义的演变过程，它不会在真空中发生，它发生在我们与他人的关系中。[1]

传统的领导力培养关注意识和思维等内部变化。作为一名领导力教练，我经常看到人们努力将这种意识转化为行动，有大量视频课程告诉我们该做什么样的人、该想什么、该怎么做。最近，受凯文·克鲁泽的邀请，我在他的平台上录制了“构筑领导者表现力”的课程。参与课程制作的一位同道说，他一直在看有关培养领导者表现力的视频和文献，这些资料大都强调发展领导者表现力的重要性，在观看了那么多视频、学习了那么多文献后，他自己还是没有发生任何变化。

这就是为什么通过舞台艺术方法培养领导力会产生效果。表演艺术家不断尝试和实验，通过改变自己的行为动作来改变观众的感觉。艺术家们还通过观察他人看到表演后的反应来调整自己的演出风格。他们对他人的反馈进行反思，然后决定保留什么、放弃什么，然后再一次尝试，这实际上是一个精益求精、不断改进的过程，这一过程增强了他们的自我意识，让他们有能力选择成为什么样的人，以及凭借什么让别人所知。这就是艺术家发展和实现最佳自我的过程，你也可以做到。

每日变化

你是不是整天都奔波于不同的会议中？在每个会议前，你能否重新调整自己的精神状态？在下一个会议中你有没有感到心不在焉？你有能力把最好的自己带到每一次会议互动中吗？我想大概不会。

戏剧是一种关于出场和退场的艺术，中间的表演部分会自然而然地发生。

——佚名

在我舞台表演训练期间，这句话曾被反复提及。在艺术学校时，大家在舞台上练习各种可能的出场、交叉、退场方式，直到每个人都能敏锐地意识到自己的能量状态和习惯性动作。这些练习增强了大家在舞台上的敏感度，使演员能更好地影响观众，并且能在压力下发挥创造力，减少自我感觉的影响。我们不断练习也不断失败，然后继续练习，直到我们能自然而然地表演。练习得越多，表演中的意识、自觉性会越强，对时机的把握也会越准确。

这个时代充满了变化，我们从一个想法转移到另一个想法，从一个空间转移到另一个空间，从一个会议转移到另一个会议。思考汤姆·斯托帕德在这一章开篇题词中的话“每个出口都是通向别处的入口”，将会发生什么？这种心态会对我们产生什么影响？

一位波士顿地方企业家向我寻求帮助，询问我是否可以花些时间辅导他的儿子布伦特做好继承家族企业的准备。这位企业家的儿子年轻、聪明、精力充沛、思想丰富，但他有个问题：行事鲁莽。

辅导他一个月后，有一天，我在会议室等他来。3 分钟后，会议室的门突然打开了，布伦特从我身边飞身而过，快速落在桌子对面的一把椅子上。这个场景让我想起卡通片里纸飞起来飘在空中的样子，当时我的确被吓了一跳。我笑了笑，然后看着他的眼睛，询问他是否愿意站起来走到外面，关上门，重新练习一下这几天我们一直在做的事情。

相信你知道什么是正确的做法，就是“呼吸—联结—沉着”，这也是你可以马上付诸实践的做法。到门口，稍作停顿，让自己静下来，做一次深呼吸，抓住把手，回顾自己进入会议室的目的，自信地呼一口气，然后进入房间。

布伦特走进房间，他停了一下，吸了口气，与我建立了联结，我们一起进入了临在状态。这时，我对他的整体感觉发生了变化，现在他有了进入会议室的理由和意图，他变得更高大了，他的存在感也增强了，他更加自信、坦诚，他为我们的谈话做好了准备。

当你从一个人身边走到另一个人身边，从一个会议室走到另一个会议室时，你认为你给别人留下的印象是什么样的？你认为人们对你有何感受？当你和别人在一起的时候，他们对自己有何感受？你不在场的时候，他人又会如何讲述关于你的故事？

你的工作方法如何、与他人互动时体现了什么样的能量、你的工作结果如何，这些都需要评估才能找到答案。通过关注这其中的变化，你会更好地了解自己与他人的互动。

练习转换

假设你住在纽约，是百老汇某个剧目中的演员，你要在下午 2 点前到达剧院，剧院大约与你相隔 10 个街区。那天早上不太顺利，你沿着第七大道走，交通混乱，警笛和卡车喇叭声充斥在周围，而你的大脑装满了各种生活琐事和情绪。终于到达时代广场，你向左拐到了第 42 街。

你做了一次深呼吸，发现周围的噪声降低了。你向一位朋友挥了挥手，微笑了一下，你感觉身体放松了下来。前面已经是剧院了，现在你走向通往舞台的门，你的脚步变得缓慢，你可以听到自己的脚步声在砖墙上的回响，你的呼吸节奏开始与你的步伐同步，世界似乎变得沉默。你打开通往舞台的门，跨过门槛，门在你身后关上了，也把外面的世界关在了身后。你进入了舞台的世界。这就是转变的艺术。

上场和下场

舞台如生活，转折、变化是产生焦虑的根源，也是故事的核心所在。莎士比亚在《如你所愿》[①]中如此雄辩地写道：

“全世界就是一个舞台，

所有的男男女女不过是一些演员。

他们都有下场的时候，也都有上场的时候。

一个人的一生中要扮演好多角色。”[②]

如何为这些角色做准备，如何高效、优雅地从一个场景转移到另一个场景，从一个角色转换为另一个角色，这些都是表演者要遵守的准则，也是领导力的准则。

---

① 也译作《皆大欢喜》。——编者注

② 莎士比亚著 . 朱生豪译 . 皆大欢喜 . 南京：译林出版社，2018.

培养瑜伽思维

瑜伽思维（Yoga Mind）可以帮助大家更好地理解这个概念。瑜伽是一门古老的训练，有助于使思想、心灵和身体保持和谐的状态，瑜伽可以增强体力、柔韧性和平衡感，也是培养清晰和冷静的头脑的好办法。我们姑且将下面介绍的重点称为瑜伽思维吧！

瑜伽思维是通过练习培养出来的，它可以帮助我们面对压力和危急情况。首先，瑜伽有助于我们克服面对变化时的内在阻力。

假设我们要参加下午 6：00 的瑜伽课，上课的地方距离办公室有 4 个街区。现在是下午 5：30，一天的工作即将结束。我们会发现，即便是去上瑜伽课，我们也会产生一点压力：能准时到达那里吗？家里有那么多事情要做，真的要去上课吗？

重要的是，我们的大脑从处理电子表格、分析数据的工作状态转移到调动动觉[①]、情感的瑜伽课，其中还面临着以不同方式与自己和他人互动的压力，这种转变需要一些过渡。

这就是瑜伽思维发挥作用的地方。

与其等到最后一刻才开始行动，不如花几分钟（最好是 15 分钟或更长的时间）静静地坐在椅子上回顾一下你的一天，哪些事情进展顺利？今晚或明天需要注意什么？把它们写下来，做一次深呼吸，然后不去想这些问题。

现在，把注意力放在瑜伽课上以及路上可能发生的事情上。想

---

① 动觉也叫运动感觉，是对身体各部位的位置和运动状况的感觉。——编者注

象你离开办公室到瑜伽馆的过程，想象当你走进瑜伽馆时自己放松的身体，感受瑜伽馆内的温暖、馆内的香气、弥漫在空中的音乐。想象这一切，然后站起身来，准备在现实中经历这一切。

结束一天的工作，让内心真正安定下来，进入新环境，这个过程需要多长时间？对大多数人来说，过渡期大约是 20 分钟。如果对这一过程得心应手，你就能更好地完成新任务。

针对“每日变化”的方法

制定简单的策略来应对每日变化。

- 如果有人忽然进入你的办公室，你可以停顿片刻，停下手头正在做的事情，专注于眼前这个人。把椅子稍微向后推一下，放下手头的工作，面向这个人，做一次深呼吸，开始与对方接触。
- 从专注的分析性工作过渡到需要同理心的对话需要花点时间，这时候可以让瑜伽思维发挥作用。向窗外望一下，感受外面的风，感受一下空气，看看街上的人，或者站起来伸展一下手臂。甚至可以看一个一到两分钟的小视频，激活你体内负责联结和同理心的感官。
- 结束与他人的交流，重新回到工作中，继续关注电子表格或重要决策，在头脑中做一个简单的数学游戏。就我个人而言，我喜欢玩数字加倍游戏，一般从二开始，二二得四,二四得八，依此类推。这样做很容易让自己的身心回到原来的工作内容上，这个过程只需要30秒，它会帮助你更好地完成过渡。

- 首先理解舞台表演的原则，然后尝试、践行这些原则，直到找到最适合自己的工具，帮助自己完成过渡。

挑战你先入为主的观念

我们很难把自己的信念和评判抛诸脑后，用开放的心态或初学者心态面对事物。这个想法缘于我在1971年读到的铃木俊隆（Shunryu Suzuki）写的一本叫《禅者的初心》（*Zen Mind*）的书。这本书的开头是这样的:“初学者的心充满各种可能性，但老手的心却没有多少可能性。”(2)

如何培养初学者心态？试想你要负责一个重大项目，在启动新项目前，你需要思考以下问题。

- 你想要什么？
- 你的目标是什么？
- 项目最初的承诺是什么？
- 你能不能停止你的主观臆断，对实践敞开心扉？
- 项目开始的第一天，你会取得什么成功？第一周呢？第一个月呢？

回想一下学徒模式，你现在正处于新手阶段，这是最困难，也是最容易失败的阶段。你该如何确保成功？你能邀请朋友或同事加入吗？事情变得棘手时，最好有人陪着你，帮助你保持积极性。

实现转变以领导他人

DDI① 的研究显示，87% 第一次做领导者的人会对自己的新角色感到沮丧、焦虑和迷茫。(3) 另一项由哈里斯·波尔（Harris Poll）开展的互动研究显示，69% 的经理人表示，他们与好几类员工沟通时会感到不舒服。(4)

为什么从独立工作者转变为领导者如此困难？脑科学可以帮我们找到答案。

科学家对“俄罗斯方块游戏”进行了大量研究，这些研究显示了心理过渡的困难之处。其中有研究是在哈佛医学院开展的，一位教授将一群被试安置在校园一幢大楼的地下室，让他们在那里玩了 8 小时俄罗斯方块。接下来的一周，一位参与试验的学生在校园里拦下教授，说：“试验结束后，我去了杂货店，沿着摆放麦片盒的过道走去，我发现自己有强烈的冲动想把架子上的那些盒子重新排列一遍，我特别想看看它们会如何重新排列组合。这是怎么回事啊？”

① DDI，Development Dimensions International，全球领先的人力资源咨询公司。——编者注

这种现象叫作注意力密度（attention density），也就是说，当我们将注意力放在某个事物上时，我们就会养成习惯，我们倾向于把这个习惯隐含的原则应用到生活的其他方面。换句话说，我们日常做的是大脑已经习惯了的事情，它影响着我们与他人的关系以及我们看待世界的方式。所以，从原来的角色转向领导者角色时，我们需要在自己关注的领域做出改变。然而现实中很多人恰恰卡在了这里。

我们的大脑试图让生活变得更容易，其中一个方法就是按照大脑第一印象解决问题，我们会根据生活经验、知识和智力来观察事物，因此，我们看到的只是我们习惯看到的。为了提高效率，大脑会模糊我们的视野，将很多关键信息挤出我们的视线，这种情况发生时，大脑不会给我们任何提示，因此，我们从未意识到这种情况的发生。

大脑里一旦形成一个观点，我们就关闭了其他思路，我们会产生某种固定想法，也就是那些习惯性产生的想法。

这种感知偏见最容易影响我们的倾听能力。如果我们把大部分时间都花在解决问题上，那么我们的大脑就会对发现问题感兴奋，一旦成功地找出并解决了问题，我们的神经系统就会分泌积极荷尔蒙。所以当有人来办公室寻求指导或建议时，我们会直接进入问题解决模式，这一点也不奇怪。我们的大脑条件反射般地寻找和解决问题，阻碍了我们与对方保持同步，我们没有办法对他保持开放，没有办法倾听他讲述的所有事实。

已故的克里斯·阿吉里斯（Chris Argyris）创造了名为“推论阶梯”（Ladder of Inference）的模型，它指在没有意识到的情况下，人们从事实到决策或行动所经历的思维过程。思维阶段可以看作一架梯子的不同阶梯，数据位于梯子的最底部，假设、结论、信念和行动位于梯子的顶部。处于执行模式时，我们会根据有限的数据快速得出结论。领导者需要放慢脚步，培养耐心，保持开放，倾听潜台词，不断询问再下结论。在做出任何决定前，我们必须意识到我们存在核心偏见和揣测。

不管与哪个层级的人交流，我们都需要在脑海中思考说话时要注意的细节。在这里，受众很重要，一般的经验法则如下。

- 如果与技术领域内的同事或同行沟通，我们可以提供细节，他们会为此而感激我们。
- 如果与高层领导对话，我们要给出背景信息，并尽可能简洁地表达观点。他们会因此记住我们。

全面过渡

全面过渡指的是向更高级的角色或新职能过渡，这是一个复杂的过程，涉及以下几个方面的转变。

- 心态；
- 角色和身份；

- 行为和行动。

我们先来看一下，完全改变心态、角色和身份，以及行为和行动意味着什么。

加速发展

威廉是一名心脏外科医生，他参加了在麻省理工学院举办的高级管理人员工商管理硕士（EMBA）项目。他说，在报名参加 EMBA 项目时，他在医院接受了一个新职位，医院把他的工作职责分成了两部分，一部分在手术室中，另一部分在监督部门。他说他已经厌倦了手术室的工作，因此想提升自己的领导力。

威廉说，从外科医生转变为领导者面临很大的挑战，他感觉自己很难胜任新角色。做了部门主管，意味着自己的工作不再完全是个人的事情。团队成员说和他相处很困难，他现在变得冷漠、不好接近，大家不再像之前那样回应他，事态发生了变化。

团队里有不少关于他的闲言碎语，但他没办法从自己的团队里得到直接答案。他提出一些想法，但对团队成员似乎不具任何吸引力，他还听说大家在故意阻挠他。在担任新职位两个月后，他收到了如图 6–1 所示的全系统调查反馈。

最令人讨厌的医生

图 6–1　全系统调查反馈

老实说，这并不是员工发出的什么挑衅言论，这是系统性反馈。威廉对反馈结果感到震惊，情况怎么会这样？做外科医生时，他会无视这些信息，将责任归咎于提出问题的一方，继续我行我素，但再这样做是不可能的了，他意识到自己有很多工作要做。

幸运的是，他在麻省理工学院参加了领导力培训。他了解到，人们很容易陷在自己根深蒂固的观点中，因此觉察不到自己对所在企业造成的影响。

他在麻省理工学院学习了“三视角”框架（Three Lenses Framwork），如图 6-2 所示，“战略视角”（Strategic Lens）是组织架构师的视角，架构师的职责是为组织设计一套适合环境、促进目标实现的策略、流程和程序。由于威廉的主要经验来自手术室，他的战略视角和自己熟悉的组织流程都很具体，只适用于他以前所在的领域，他发现自己的经验很难再提升，他也很难设计出适合新环境的策略、流程和程序。

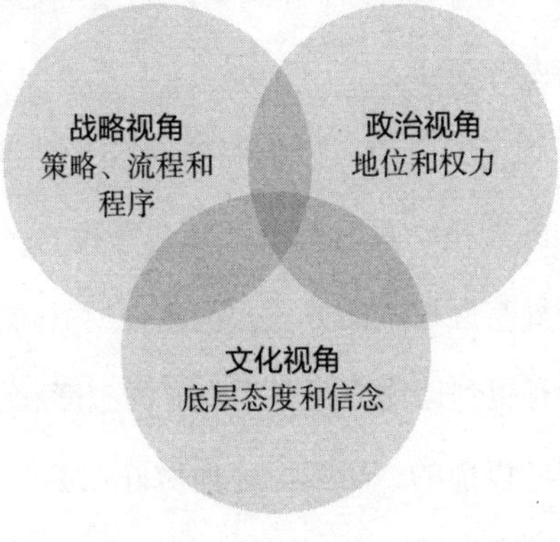

图 6-2 麻省理工学院的组织“三视角”框架

“政治视角”（Political Lens）是企业中施加影响的人的视角。他们通过个人关系，把企业视为缔结联盟、实现野心和获得权力的地方。威廉意识到他的影响范围主要集中在对个人环境的控制上。如果想成为一位成功的领导者，他必须了解那些微妙的影响因素，这对他来说至关重要。他需要学着与同级领导者和同事进行有效互动，让直接下属有更强的归属感，使大家看到更清晰、更广阔的图景，感受到更强的团队精神。

“文化视角”（Cultural Lens）是故事讲述者的视角。讲故事的人运用社会规范、价值观、实际物品创造和传达意义。这是威廉最为难的地方，也是领导力课程应该帮助他的地方。

威廉了解到，要想成为一个好的管理者，必须认同这三个视角。他需要探索自己的工作模式和方法，这又把他带回曾经在医学院接受核心训练的岁月。“做对，第一次就要做对，否则会出人命！”这是心脏外科医生的思维模式。外科医生关系到病人的生命，要对病人的治疗负责。难怪外科医生以果断闻名，若没有这种果断，他们就无法做好工作。

威廉已经习惯了给每个人发出明确的指令：“这是我的手术室、我的麻醉师、我的器械、我的护士，要么听我的，要么走人！”他的管理方式是这种掌握权威的方式，而现在所有流程和程序都需要进行调整，他没有想到运作方式背后隐含的态度和信念。

他很快意识到以前的经历没能让他做好在更广泛的领域担任领导者的准备，为了成为领导者，他只能改变自己。

威廉需要迈出的第一步是调整心态，他需要深刻反省自己的思维模式，意识到那种“要么听我的，要么走人”的方法绝对行不通。

他的角色感和身份感也需要做出改变。作为一名外科医生，他知道所有问题的答案，每个人都在等他做决定，包括做什么决定、选择哪种方法，甚至订哪里的午餐。

而在他的新角色中，他不再需要知道所有答案。医院里有很多聪明的员工，他们可能更了解日常遇到的无数问题，拥有更好的解决方案。这就是“三视角”框架的用武之地。威廉需要扮演文化领导者的角色，需要了解员工的动态，了解如何做出决策以及如何完成任务，需要倾听事实背后的各种陈述、各方的态度，并与大家保持同步。他开始问自己：作为领导者，我的角色是什么？我该如何出现？如何与他人互动？

经过多次观察、征求反馈意见和道歉，威廉慢慢地敞开了心扉。他开始在工作场所走动，和员工交谈，进行思想交流。他与员工分享自己的问题和顾虑，团队开始将他视为一个真实的人。

仅仅 6 个月，他就实现了原本看似不可能实现的目标。现在全系统调查反馈如图 6–3 所示。威廉彻底改变了大家对他的看法。员工欣赏他的诚实和努力，他的付出得到了回报。

最受尊敬的医生

图 6–3　自我审视及真诚的努力会带来成功的转变

对威廉来说，这个过程意味着以下 3 种形式的转变。

- **心态的转变**。从智力上的优越感转变为智力上的谦逊，从拥有所有答案到引出团队的集体智慧。
- **角色和身份的转变**。从指挥官的政治视角到教练、辅导员和意义创造者的文化视角。
- **行动和行为的转变**。他开始授权让团队成员负责某些事，他布置了拓展性任务来吸引团队成员参与，他开始鼓励、询问并邀请团队成员参与，开始花时间与员工对话。

制订计划实现更大的转变

如果你正在进行全面过渡，可以使用下面这样的“三视角”框架来制订行动计划。

战略视角

就任新岗位时，不要大张旗鼓，要采取一种巧妙的办法。首先，尽自己所能了解新岗位的角色和职责，邀请团队成员共同讨论哪些流程运转良好，哪些流程不太顺畅。利用新团队的知识经验来创造新想法，并共同制订计划。回答以下问题，将领导力扩展到战略视角。

- 团队工作如何促进组织目标实现？
- 如何将当前的策略、流程和程序纳入其他工作中？
- 哪些改进有助于增强运营经验？

政治视角

观察你所在的部门及组织的政治权力结构，安静地参加会议，观察对话双方，注意肢体语言、声调和其他线索。通过回答以下问题，将领导力扩展到政治视角。

- 谁在组织中掌握着知识？
- 谁掌握着权力？
- 决策是如何做出的？

文化视角

采用人类学家的思维方式，找出组织的动机和价值观。回答以下问题，将领导力扩展到文化视角。

- 你可以在团队或组织中发现哪些故事？
- 组织是否有幽默感？
- 它是人们表达想法的安全场所吗？

了解组织内的人员、环境和系统后，就可以开始考虑自己需要进行哪些个人调整才能获得成功，比如需要一种什么样的心态？可以发挥哪些重要作用来帮助新团队或组织实现其战略目标？哪些事情不能做？

无论这些问题的答案是什么，你都要记住，你的存在会对周围的人和环境产生巨大的影响。微笑、稍作停顿和积极观察会为你走向成功铺平道路。

第七章

自我发现和真实性的艺术

真实可以被定义为一种毋庸置疑的生活：在思想、价值观、情感和行为上时刻保持一致。

——阿尼萨·阿文（Anisa Aven）

高管们经常问我："罗布，你是个演员，你的工作不就是以'假装'为生的吗？"他们这种质疑是可以理解的。在日常生活、工作中，几乎每个人都遇到过这样或那样的假象，很少有人愿意重复这种经历或是伪装自己。本书已经探讨过如何将表演的各个方面融入展示、表现自己的过程中，从表面上看，这很像"假装"。

安娜·尤西姆（Anna Yusim）是一名精神病学家，现在住在纽约市，她和许多演员都有过合作，她很好地解决了"表演"和"真实"之间不协调的问题。

> 在许多方面，"表演"和"真实"是两个相反且相互矛盾的表述。一个优秀的、训练有素的表演者，可以"带不同的面具"表演不同的角色，而真实性则需要拿掉面具，发现内心深处的那个自己。表演是发现他人或环境的真实情况，真实性则包括对自己诚实和生活在真实的环境中。[1]

表演艺术的核心在于为扮演的角色带来真实感。高管的工作不也是这样吗？我们难道不是在工作中才扮演高管角色的吗？如果是这样的话，我们怎样才能为管理者、同事或值得信赖的雇员等角色带来真实感呢？尤西姆继续强调赋予角色真实性的重要性。

> 我相信，培养真实性是必要的，这么做不仅是为了成为一个出色的表演者，更是为了过上一种充实的生活。或许我们应当在“表演者”和“真实的艺术家”之间做比较，可以说，前者停留在表面，而后者则是对自我和艺术更进一步的表达。[2]

尤西姆对“表演者”和“真实的艺术家”的区分值得关注，本书的目的也是帮助读者成为“真实的艺术家”。在本章中，我们将探索真实性概念，并将其引入自我发现的过程，为我们实现真实的领导力创造坚实的基础。

像艺术家一样去领导

回想一下前文安永咨询公司高管的那个故事，他在整个团队面前分享了他内心的挣扎。那一刻，他挑战了自己 20 多年来的身份，即那个戴着面具的自己。戴着这个面具，他在某种程度上是一个“表演者”，而不是尤西姆所说的“真正的艺术家”。他穿衣、走路、说话时都在扮演那个角色，但这并不是真正的他。他努力成为别人期望他成为的那个人，而那个人绝不是真实的他。

尤西姆为我们保持真实自我提出了有说服力的挑战，她引用了美国诗人 E. E. 肯明斯（E. E. Cummings）的这段话来说明。

> “我不想成为任何人，只想做我自己。如果你时时刻刻、处心积虑，只为成为别人，这意味着你被卷入一场无休止的艰难战争。”在日常生活中保持自己的真实性，是你每时每刻都要做的选择。(3)

别理窗帘后面那个人

让我们用电影《绿野仙踪》（*The Wizard of OZ*）来探索真实性这个主题。巫师自称“伟大且有影响力”，于是多萝西和她的朋友们去找巫师寻求答案。第一次拜访，巫师单独派遣他们去完成任务。巫师说，如果所有人都完成了目标，他就同意大家的要求。

电影结尾有一个很棒的场景，多萝西和她的朋友在完成指定任务后重新拜访巫师，但巫师并不想见他们。多萝西抗议并要求巫师遵守诺言，巫师却推开了他们。直到多萝西的小狗托托拉开了窗帘，他们才发现，窗帘后真实的巫师竟然是像你我一样的普通人。这位巫师擅长作秀，但缺乏内在维度，不具备真正的领导力。

对于领导者来说，了解自己擅长什么、想要什么、代表谁以及想以什么闻名至关重要。一个领导者喜欢作秀是完全可以接受的，但他需要有同等程度（或更多）的谦逊、温和和真实等品格来平衡他的伪装。

寻找一致性

在第二章中，我们讨论了一致性的概念，它会在你的真实自我与理想自我相一致时出现。一致性是一种精神状态。当一个人的表现与真实自我不一致时，他会感觉痛苦。这就是《绿野仙踪》中巫师所经历的，他因自己扮演的伟大且有影响力的角色而感到不安，正是这种不安造就了一个看似强大的外表，展示了一个恶霸的行为。

一旦窗帘被拉开，他就再也不能继续玩这个游戏了。只有装饰被揭掉之后，他才能和大家分享他的故事，他才能面对自己，坦陈自己想要什么、需要做什么。同样，只有当我们听到别人的故事时，我们才能完全理解并同情他们。

你的故事很重要

密歇根大学商学院教授、《领导力循环》（*The Cycle of Leadership*）一书的合著者诺埃尔·M. 蒂希（Noel M. Tichy）曾经说："生活中的每一次经历都有价值，都包含着某种具有教育意义的观点。讲故事、传授价值观可以让我们成为更好的领导者，而领导者也会逐渐理解他们对自己、组织和整体运营所做的基本假设。"[4]

在前几章中，我们回顾了展现最佳自我的时刻，这些时刻使我们建立了自信，这些时刻包括我们深入内心未知领域、了解并发现自己的品质，从而克服巨大障碍的经历，这些时刻培养了我们的韧性。

沃伦·本尼斯（Warren Bennis）是领导力发展领域的先驱，

他在《哈佛商业评论》中的一篇文章《锻造领导力》(*Crucible of Leadership*)中写道，预测领导力最可靠的指标是一个人在消极事件中找到积极意义以及从最艰难的环境中学习的能力，也就是一个人是否具备征服逆境，变得更强大、更坚定的技能。[5] 正是这些技能造就了卓越的领导者。锻造是一种变革性的体验，通过这种体验，一个人会对自己的身份产生新感觉。

多重身份

真实性与自我意识和身份感相联系，很多人被教导要保护好自己的隐私，保持独立性，也有不少高管认为，私生活不会对他们的工作产生任何影响，其实，能否产生影响因人而异。

一个人走上权威位置时会出现身份不连贯的情况。当这个人开始认真对待自己的身份，思考即将扮演的角色时，如何完成身份过渡就成了需要解决的问题，有的人会拥有单一而僵硬的身份，而有的人则会拥有全新人格，就像换了一个人。

领导者依靠他们的地位、权势来惩罚冒犯他们的人，这种做法会对组织中的关系和文化造成负面甚至毁灭性影响。尖酸刻薄的环境是由尖酸刻薄的人创造的，如果高层管理者纵容这些行为，那么他们就是共谋，应当对这种恶劣行为负主要责任。

真实性要我们真正了解自己是谁、来自哪里、代表什么。思考以下叙述。

我是谁与我的父母、丈夫和孩子有很大的关系……员工需要全身心地投入工作，首席执行官也必须全身心投入工作。

——*卢英德（Indra Nooyi）*

百事公司主席兼总裁[6]

自我定义是复杂和多方面的。一个人可以有多种身份，比如围绕职业、性别、国籍和家庭角色等领域产生的身份。在组织中，多重身份如何影响我们的行为呢？对于百事公司主席兼总裁卢英德来说，她的多重身份是决定她是谁和她要做什么的关键因素，让自己全身心投入工作是她对公司产生积极影响的一个重要办法。多重身份对人们的生活、工作及其所在的组织都至关重要。

做一个挖掘故事的“考古学家”

现在回顾一下自己的经历，你会发现自己的多重身份，并形成完整的自我意识。我们可以把它想象为对自己进行考古挖掘。作为一个挖掘故事的“考古学家”，你可以在个人历史中搜索深层叙事，然后寻找并挖掘自己经历中最有力的故事。故事包含着一些线索，告诉你对你来说最重要的价值观和原则，并描述你最好的自己。这些故事讲述的是你生活中的经历，与你如何面对挑战以及你学到的经验教训有关。这些故事无可争辩地揭示了你的核心身份，让你明白在发挥领导力的过程中要重视哪些原则。

寻找你生命每个阶段最难忘的时刻或场景，比如你做的所有选择都不理想时，你站在他人立场时，你挑战自己时。

这些就是你的决定性时刻、转折点或定义自我的事件，正是这些把你引向今天的身份和职位。如果你倾向于接受视觉信息，那就请拿起一张纸，叙述你的经历。务必确定人物、地点、事件，说清楚每个确定的时刻及遇到的挑战。

在进入下一章前，我们需要思考并回答以下问题。

童年（0~12 岁）

如果把这段生活看作一章内容，那它的标题是什么？

____

____

____

这章内容的开头两句话是什么？

____

____

____

作为一个孩子，你的真实自我是什么样的？

____

____

____

你在家庭中扮演什么样的角色？这个角色对你产生了怎样的影响？

你有绰号吗？如果有，是什么？它背后有什么故事？

这段时间你因为什么被人熟知？

你最敬佩的品质是什么？

你最不喜欢的品质是什么？

玩团队游戏时，你如何挑选团队？你的角色是什么？你觉得好玩还是痛苦？

在这一阶段，对你影响最大的三个人是谁？他们是精神导师、教练、朋友，还是家人？

讲三个令你印象深刻的场景，给每个场景拟一个标题。

在另一张纸上，写一段简短的话，描述每一个时刻或场景，要包括以下细节。

- 当时你多大？
- 你在哪里？
- 此时你在想什么？你有什么感觉？你想要什么？
- 谁和你在一起？
- 他们的想法、感受和期望是什么？
- 你学到了什么？
- 这件事对你和你的生活有何影响？

青少年和青春期（12~24 岁）

如果把这段生活看作一章内容，那它的标题是什么？

这章内容的开头两句话是什么？

你是同龄人中的局内人还是局外人？写出你的理由。

这段时间你因为什么被人熟知？

你认为什么最重要？

在这一阶段，对你影响最大的三个人是谁？他们是精神导师、教练、朋友，还是家人？

____

____

____

你得到的最深刻的教训是什么？

____

____

____

你当时的目标是什么？或者你想成为谁？

____

____

____

你什么时候开始挑战自己的局限性并开始扩张自己的边界？

____

____

____

讲三个令你印象深刻的场景，给每个场景拟一个标题。

____

____

____

在另一张纸上，写一段简短的话，描述每一个时刻或场景，要包括以下细节。

- 你当时多大？
- 你在哪里？
- 此时你在想什么，你有什么感觉，你想要什么？
- 谁和你在一起？
- 他们的想法、感受和期望是什么？
- 你学到了什么？
- 这件事对你和你的生活有何影响？

成年期（24~35 岁）

如果把这段生活看作一章内容，那它的标题是什么？

____

____

____

文章内容的开头两句话是什么？

____

____

____

你什么时候第一次意识到自己是个成年人了？

____

____

____

这段时间你因为什么被人熟知？

____

____

____

你认为什么最重要？

____

____

____

在这一阶段，对你影响最大的三个人是谁？他们是精神导师、教练、朋友，还是家人？

____

____

____

这期间，你学到的三个最重要的经验是什么？

____

____

____

作为一个刚成年的人，你做出的最重要的决定是什么？

讲三个令你印象深刻的场景，给每个场景拟一个标题。

在另一张纸上，写一段简短的话，描述每一个时刻或场景，要包括以下细节。

- 你当时多大？
- 你在哪里？
- 此时你在想什么，你有什么感觉，你想要什么？
- 谁和你在一起？
- 他们的想法、感受和期望是什么？
- 你学到了什么？
- 这件事对你和你的生活有何影响？

追寻完整性

为了成为一个真正的成年人，你有没有被迫舍弃一些东西？

____

____

____

你仍然记挂着那被些舍弃的东西吗？你需要再把它们找回来吗？

____

____

____

你的领导力之旅的下一篇章

挖掘、创作个人故事要比你想象的容易，下面列出的框架可以作为模板，帮助你续写领导力之旅的下一篇章。

在继续领导力之旅前，你需要理解在你做主角的故事中，你的角色是什么。

主人公是故事的主角，也是我们将与之建立情感联系、观察其变化的人，主角是故事的推动者，也是特定事业或行动的倡导者或拥护者。

你是真实世界中自己故事的主角及推动情节发展的催化剂（无论是在现实生活中还是在这个练习中），值得注意的是，这个模型假定每个人都是自己故事的主角，并且在其他人的故事中扮演着辅助角色。注意，这里探讨的不是领导力，而是一个自我发现之旅。作为自己故事的主角，你不会对所有问题都有答案，你不是“英雄”，你要了解自己是谁、想要什么，你要学习如何在变化中更加灵活、更具适应性、更富有韧性。

那么，故事主人公的旅程是怎样的？我们一起来看看。

> **第一，主角一定擅长某事。**每个主角都有其特定的能力、优势和天赋，这是他个人经历带来的结果。
>
> **第二，他们想得到一些东西。**主角有一个明确的目标，他们渴望获得更伟大的东西。
>
> **第三，他们前进道路上有障碍。**外部或内部障碍阻止他们获得自己想要的东西。
>
> **第四，主角必然经历转折。**故事的主人公必须成为比之前更伟大的人物。

结合这些要点，想想作为故事主角，自己有什么独特之处。

你擅长什么

确定自己的适应能力、领导力优势以及核心能力，回想一下你从本书前面部分获得的洞见，这包括你对最佳自我的理解、同事对你的看法，以及对个人故事的反思等。

你想要什么

你的个人目标是什么？尽可能具体地描述你的短期和长期目标。

为什么这些个人目标如此重要？

你的职业目标是什么？尽可能具体地描述你的短期和长期目标。

为什么这些职业目标如此重要？

你需要什么样的能力才能实现这些目标？

你拥有哪些能力来实现这些目标？

为实现上述目标，你还需要培养哪些能力？

是什么在阻碍你实现目标

什么限制并阻碍了你的成长？比如当前的信念、心态等。

面对这些阻碍，你做了什么样的假设？

他人或环境以何种方式限制或阻碍了你的成长?

你需要经历什么样的转折来达成最终目标

你已经准备去实现但没有实现的目标是什么?

什么对你不再有用，你需要放下?

充实的生活是什么样的?

深入了解

为了真正了解对自己有激励作用的因素，我们必须深入了解自己的需求以及需求背后的原因。回答以下问题，明确是什么在推动你行动。

你认为你的哪部分最能定义你自己，而这部分对别人而言并不典型？

你的外部激励因素是什么（金钱、名望、职位、奖励等）？

你的内部激励因素是什么（自主性、对学习的渴望、归属感等）？

10 年前，你的 3 大职业价值是什么？

现在，你的 3 大职业价值是什么？

______

______

______

未来 10 年，你职业生涯中最重要的 3 个价值是什么？

______

______

______

10 年前你因什么被人熟知？

______

______

______

现在你因什么被人熟知？

______

______

______

将来你想因什么被人熟知？

______

______

______

你最热衷的是什么？

______

什么活动能带给你最多的能量?

什么能激励你?

何种情况下，你能成为最好的自己?

描述你生命中一个最有意义、最具目标感的时刻。

如何更大限度地利用你的天赋和才能?

用一句话解释你生活、工作或者说每一次演出的目的。

____

____

____

你的领导力观点

写三个你在领导力方面遵循的价值观或原则。

____

____

____

生活中的哪些故事最能体现这些价值观或原则？请讲三个不同的故事。

____

____

____

作为一个领导者，你对自己的希冀是什么？请详细描述。

____

____

____

你的下一篇章

本章的标题是什么？

本章开头的两句话是什么？

你为实现目标所做或正在做的改变是什么？

你未来会秉持什么样的原则？

现在你能做些什么来加速目标实现？

在你的旅程中，谁会向你伸出援手？

你会留下什么

假如你已经处于最光明的未来之中，最令你自豪的会是什么？

你将如何被人记住？

当你离开时，别人会怎样讲述关于你的故事？

写一个墓志铭，描述你为世界带来的影响。

____

____

____

我是……

我女儿玛雅五年级时就读于蒙台梭利学校，她擅长写作，她的文字生动活泼，能把自己的经历描述得活灵活现。课堂上他们经常使用的练习叫“我是一首诗”，我在很多领导力培训课程中做过这个练习，这是一种打破线性思维，创造可能性思维的方法。

下面是玛雅9岁时写的一首诗。

我是……玛雅

我……善于观察

我想知道……人们的决定

我听到……人们在融洽的氛围中聊天

我看到……一扇开着的门等我进去

我想要……听更多的故事

我被……迷住了

我假装……处在一个充满无限可能的神奇世界里

我感到……健康、强壮

我抚摸着……朋友的手，所以我不会孤单

我担心……最微小的细节

我哭了……独自在窗帘后面

我是……艺术家

我理解……并不是所有的东西都闪闪发光

我说……一切都有光明的一面

我梦想……能实现我的理想

我尝试……和人们相处

我希望……每一站都有火车在等我

我是……玛雅

你也可以做这个练习，不一定要写得多么完美，练习多了你会发现自己的诗每次都不太一样。如果你写诗时卡住了，可以把这首诗放在一个具体背景中，比如“我是一个教练”，这样可以使练习更简单。

“我是一首诗”练习

我是 ______________________________

我 ______________________________

我想知道 ______________________________

我听到 ______________________________

我看到 ______________________________

我想要______________________________

我被______________________________

我假装______________________________

我感到 ______________________________

我抚摸着 ______________________________

我担心 ______________________________

我哭了______________________________

我是______________________________

我理解 ______________________________

我说______________________________

我梦想______________________________

我尝试______________________________

我希望______________________________

我是 ______________________________

第八章

联系与联结的艺术

我这样定义联结：当人们感觉自己被看到、被听到和被重视时，他们能感受到自己拥有的能量。那时，他们可以不加评判地给予和接纳，并从这种联结中获得营养和力量。

——布琳·布朗

每个人内心深处都希望真实的自己以及我们的天赋、才能、价值能被人看到，希望有机会将自己的潜力发挥到极致。当人们感到被关注时，他们就会有安全感并愿意展现最好的自己。这个时候人们的工作效果最好、能产生最好的见解，并能得到超预期的结果。

演艺生涯初期，我非常努力、非常用功，我特别想让观众关注我，特别想把事情做好并取得成功。我表演时需要观众参与，但那时候我不知道要花时间了解演员和观众，然后与他们建立联结，直到我开始与戏剧导演兼教练比尔·芬利合作，我才学会与观众建立联结。

比尔鼓励我思考如何与观众建立联结并与他们互动，他告诫我不要试图用什么最新技能给观众留下深刻的印象。我记得他曾经问我："你希望观众在看你表演时会有什么样的感受，或者你想让他们做什么？你想创造什么样的氛围？你是想让他们安静地坐着，该拍手时就拍手，还是想让他们配合你的演出？"

通过集中注意力和不断练习，我掌握了一种轻松而热情的舞台风格，让我可以邀请观众一起参与表演。

本章将探讨我们与他人关系的不同层次以及这些层次对理想结果的促进或阻碍作用，我们将讨论信任的基础以及与他人建立真实联结的秘诀。本章最后将探讨多重身份概念和关于生命一体化的见解。

关系的层次

你有没有和真正了解你的人共事过？ 他们看到了你身上了不起的东西，他们鼓励、支持你。描述他们与你的关系以及你们的相处带给你的感受。

____

____

____

你有没有和不了解你的人共事过？你会用什么词来描述他们和你的关系、你们的相处带给你的感受？

____

____

____

本书的目的是教我们如何快速影响他人、成就自己，以及努力创造环境允许他人也成就自己，从而发挥领导力，那么问题的关键就在于我们如何相互联结。对所有人来说，我们面临的挑战是如何在忙碌的生活和工作中完整地呈现自己、敞开心扉。

展现真实自我面临着许多挑战，根本原因在于，在不够真实的关系中暴露自己会让我们感觉痛苦。保持真实性是一种习惯，展现真实性需要巨大的勇气和技巧。每个人都有正面和负面的人际关系体验，但作为基本需求，“被理解”依然是人际关系的核心，我们应该先保护自己和他人免受痛苦，只有这样才能养成必要的人际交往技能，才能搭建彼此理解、协调和协同的桥梁。

工作需要执行，所以任务多、工作忙的时候，大家会直接进入工作状态，人们忙于完成既定目标，而忘记了其他人也参与其中。事实上，和他人之间的联结对于提高工作质量、实现个人目标和职业目标都至关重要。

我们来看看彼此联系的三个基本层面，以提高我们的整体效率和贡献（见图 8-1）。

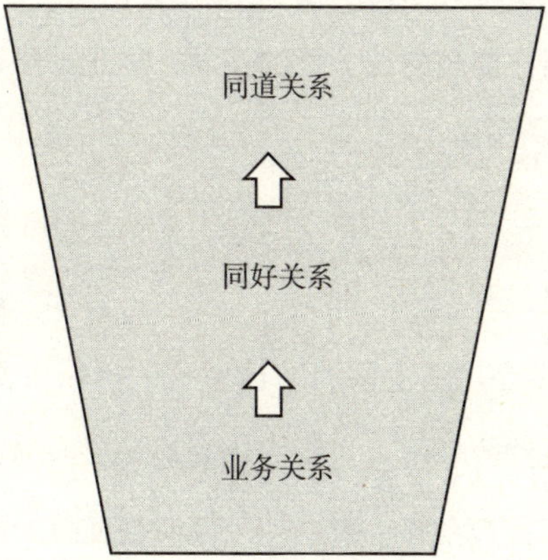

图 8-1　彼此联系的三个基本层面

第 1 层面：业务关系

与任何具体业务一样，业务关系是一种简单的交流、行动或活动的关系，它涉及相互影响的双方。例如，假如你在医院工作，你需要整理当天的各种手续、表格和签字的清单。这些事对于确保患者顺利入院和出院，追踪患者就医记录至关重要。

在这样的工作中，有多少与他人的互动让你感觉自己渺小，甚至毫无存在感？有多少互动尚未满足你的预期，因此你还想做得更好？你想要的超越业务关系的互动有多少？我们还可以互换角色，看看在多少业务关系中，你是那个地位更高但忽视他人努力的人。

第 2 层面：同好关系

大家一定感受过愉悦、融洽的关系。你可能认识某个人并与其共事多年，甚至和他在高尔夫球场共度过数小时，但你对这个人的了解很有限。当你要超越礼节性的互动，真正了解这个人时会发生什么？你能真正了解他吗？

第 3 层面：同道关系

同道关系的建立基于共同的价值观、信任以及我们对某人才能、能力和局限性的考量。当我们建立这一层面的关系时，我们会带着一种透明感、亲密感、脆弱性以及对彼此差异的深深尊重。真实地与他人交往需要勇气。

使关系向新的层面转变

真正与他人联结具有坚实的商业意义。出于工作需要，我们会与高管接触，此时会发生什么情况？在一个有消极应对经历的部门，你要如何让更高层级人员参与？对于负责重要事务的同事，你如何与他们建立关系？

马上进入核心

假如你是一家商业安全公司的全国销售经理，你已经与客户建立了良好的关系，然而在一次谈判中你们陷入了僵局，现在你需要扭转局面。你想和首席执行官说说这事。一天下午，你刚走出客户办公室，居然遇到了首席执行官，这真是天赐良机！他非常友好，你们一起走了一会儿，握手告别的时候，你犹豫了一下，还是没把想说的说出口，一路上你能想到的共同话题就是足球，为此，你感到一阵阵懊恼。

遇到这种情况你会怎么做？你打算说什么？面对职位更高的人，你如何以较快的速度与他建立联系？你是不是抓不住重点地开始谈论自己？你如何摆脱当下的尴尬局面？

在多数情况下，最好的办法是不要谈论自己，将注意力放在对方身上，对他保持好奇，真正关心对方最在意的事情。可以问如下问题。

- 工作中什么对您最重要？
- 您目前面临的最大挑战是什么？
- 您最感兴趣的是什么，或者您最关心的是什么？
- 您最热衷于做什么，或者您最在乎的是什么？
- 要把工作做好，您最看重什么？

这些问题有助于开启不同类型的对话，也会展现真实对话的品质，这样的对话能产生信任，也有机会表明你的动机，你不仅能表现出你的聪明才智，还能体现出你对对方的关怀。在实际的商业环境中，这样做效果如何呢？下面是我的几位客户真实的故事，他们实现了飞跃，已经能够深入问题核心，而之前他们不会这样做。

示例 1：林赛

林赛是一家金融服务公司的组合投资经理，老板要她与一位重要客户会面。当时市场低迷，她建议客户继续持有目前的投资。客户回应说现在想出手，还说想直接和她谈谈。林赛走进会议室后立刻表达她的观点：要低买高卖！那位客户沮丧地看着她，要求结束会议。

不难看出，这是一个单向沟通，那么林赛应该怎样做呢？

在这种情况下，深入问题的核心会有所帮助。先身体前倾，表达关注，然后询问并提出关键性问题。林赛本来可以这么说："我看得出您特别想出手，但这与我们的传统经验相悖。不知道您这个决定背后有没有更深层次的原因？我想更好地理解您的情况，为您提供更好的服务。”如果她当时提出的是这些问题，而不是在不知情的情况下急于说出自己的观点，你认为客户会有什么反应？

示例 2：德克

我给德克做过培训，他是一家全球银行的高级经理，当时合作是为他就任高管一职做准备。他很想与员工保持密切的关系，他告诉我，他每天都和前台工作人员以及另外几个行政人员沟通交流。我问德克这些交流属于什么性质，他说大多是事务性的。但我进一步探究发现，他甚至连这些人的名字都叫不出来。接下来我和他讨论了创造有益和真实的工作环境的意义，以及员工在各个层面的体验的重要性，讨论了如何提高与员工的联结水平。为了实现这些目标，我们探讨了这一目标的重要性以及谁会从中受益，还有赞成、鼓励员工做好工作以及认可他们的努力带来的积极影响。当人们感到自己的贡献被人看到、自己受到重视时，他们的工作质量会大大提升。几个月后，他惊喜地发现，之前提到的所有积极变化都正在发生。

在你每天与他人的互动中，有多少是纯事务性的？是什么阻碍你改善与客户、员工、同事或高级主管的关系？深入问题背后，为了获得他们的支持、为了让他们记住你并感激你，你应该向他们提什么样的问题？

从听到听

一旦你能够突破自己，提出问题并触及问题的核心，接下来要做的就是倾听。

想一想：我们经常倾听他人吗？经常通过倾听来解决问题吗？我们甚至无法用一半的精力听别人说话。

我们这样做很难改善和他人的关系，还可能错过他人信息中的重要部分。当我们完全处于倾听状态时，人们说话的方式，体现出的能量、肢体语言、叹息声等信号才能被捕捉到。

真实的联结依赖于我们对当下事务的沉浸度、倾听技巧，以及对另一个人的价值观、信仰和差异的尊重。我们要进入临在状态，说话时要看着对方的眼睛，与他人联结会让我们发现真实的自己。

真实的联结——不完全真实

2008 年秋天的一个星期五，下午 4：00 时，我坐在办公桌前，收到一封客户发来的电子邮件。漫长而艰难的一周就要结束了，大厅里传来爆米花的香味，我能听到同事们在休息室谈笑的声音，我知道那里有一杯冰镇啤酒正等着我。

突然，我感觉门口有人，我抬头一看，我的上司正站在那里，他问道："有时间吗？"

"当然。"我说，一转身发现他已经迈步走到了我面前。

“这周过得怎么样？”他问道。

“好，很好，真的。”我谨慎地说。

“说说看？”他问道。

我稍微缓和了一下，然后大致把工作介绍了一下。接着，我开始给他讲某场“胜仗”的细节，我看到他眼睛紧闭，表情逐渐放空……讲到一半，我停了下来，问：“这不是你来找我的目的，对吗？”

“对，”他回答，“美国运通和哈佛商学院的电话号码是多少。”

我查了电子表格，然后转身告诉他号码，他一言不发地走了。

我坐在那里，哑口无言，左思右想：“为什么我就没看出来呢？”我对自己刚才谈论了太多细节而感到沮丧，更对上司感到失望。他本可以直接找我要电话号码的，没必要假装关心我这一周的工作。难道这就是我们真实的关系？我在这种关系中扮演了什么角色？

在工作中建立真实可信的关系并不容易。一方面，我们需要不断推进自己的议程。另一方面，我们还要暂时停下来，与他人建立真正联结。大家都尽力在这二者之间寻求平衡。每个人都有自己独特的生活经历，在自己的故事中，我们都是主角。作为领导者，我们需要学习如何真正与他人建立联结，不断提醒自己要让他人感觉自己被看到、被听到和被重视，让员工知道努力很重要、他们的故事很重要，从而创造环境让他人成为最好的自己。

把所有部分关联在一起

我来给你讲个故事，我的一名客户，名叫多尼，他使用我们前面讨论过的技能，迅速步入职业生涯正轨。

多尼是一家顶级欧洲银行杰出的工程师，他领导着一个由5名直接下属和100多名工程师组成的团队，他们的工作是为银行创建移动技术平台。近来他遇到了挑战。在我们最初的谈话中，他说了以下几句话："我可以在不失去自我的情况下升职吗？""我不认为自己是一个领导者。""我领导的团队松松垮垮的，我该怎么办？"

你内心是不是也有这样的声音？

我坐在阿姆斯特丹一家大型公司的大厅里等着和多尼第一次见面。我们已经通过电话建立了良好的关系。我看着大楼内进进出出的人，他们都穿着很正式的职业装。然后，我看到有个穿蓝色牛仔裤、T恤衫的男子走了进来，我马上联想到了摇滚乐队的音响技师。你知道吗，这个人正是多尼！

印象很重要

多尼的穿着打扮向同事传递出一个明确的信息："我只属于自己，我不认同企业文化。"在我们的谈话中，多尼表达了他对"成为一个领导者"的不适感。他解释说："我喜欢与工程师们沟通，我喜欢在大厅里散步，和大家谈论工作。比起与同级别的领导者或企业高管沟通，我觉得和工程师们交流更容易。"

他接着说："很多以前同级别的管理人员都升职了，升职后他们就完全变成了另外一个人。我可不想这样。我不想改变自己，不想出卖我的灵魂。"

由于他的经历、价值观和信仰，多尼在许多领域都进展不顺。

- 首先，他无法集中精力处理直接下属的工作。他与下属们貌合神离，已经走向不同的方向。
- 其次，他在高级管理团队中没有发言权，团队成员也没有认真对待过他。
- 最后，他没办法影响高级管理人员，他们没有看到他和他的团队在移动技术方面提出的出色方案。

多尼究竟该怎么办？坚持那些对他来说重要的东西，他还有希望实现他的目标吗？我们一起探讨了他的个人经历。他从 11 岁开始写代码，始终掌握着最前沿的技术，因此言听计从不符合他的本性，他喜欢抓住每一次机会挑战权威，虽然他本性忠诚、诚实、正直。

帮助多尼的关键在于让他向自己提出正确的问题。

- 他该如何出现？
- 不说话的时候，他传达出什么信息？
- 对他来说最重要的是什么？
- 他的团队需要他做什么？

我问多尼，对他的团队来说最重要的是什么以及他有没有问过自己这个问题，之后所有的谜团都有了答案。虽说多尼是个聪明人，但他从来没有问过自己这些问题，他陷入了自己看问题的角度中，他需要增强共情能力，需要对团队成员的想法、感受和渴望表现出好奇心。

在接下来的培训环节中，多尼告诉我，他已经把团队成员团结在一起了，他还和大家分享了对他来说重要的东西，并询问大家最重要的东西是什么。看来他听取了我的建议。这些都帮助他开启了和团队成员之间更深层次的对话，使大家能被团队愿景和目标凝聚在一起。

如果你也是团队领导者，那么请你按照多尼的做法，在下次会议上这样做。

- 分享你希望提高团队效率、增强信任的愿望。
- 让团队成员知道，作为一个人和团队领导者，什么对你来说最重要。
- 要求每个团队成员分享他们个人及专业方面的价值观和他们认为重要的东西。

这些行动将促使你与团队成员展开更深入的对话，他们会从你那里得到启示，同时也会分享这些启示。

我真的属于这里吗

作为人类，我们总是在寻找一种归属感——一个适合我们的地方，一个让我们感到安全的地方，一个看重和欣赏我们贡献的地方，一个让我们有认同感的地方。许多人在工作之外，比如在家庭、艺术团体中找到了这种归属感。然而，随着我们在工作上花费的时间越来越多，企业或组织正成为我们主要的社区，因此，与之相关的各种事项成为我们关心的问题，比如报酬。我们会盲目信任一个机构吗？机构领导者是否关心我们的利益？机构领导者会关心我们看重的东西吗？我们能相信他们吗？为了工作，我们必须在自己的价值观上做出妥协吗，或者我们还能继续从真实的、最好的自己出发，发挥领导力吗？事实上，无论你在组织中处于什么位置，你都可以发挥作用。你可以通过鼓励正确的行为、做出随心的善举和表达感谢等方式来改善你与他人的关系。

立即联系

你可以进行更为真实的交流。以下是具体办法。

- 列出你的核心关系和日常互动。
- 你认为这些关系中有多少是同道关系？为什么？你从这些关系中得到了什么益处？

- 你认为哪些关系是同好关系？为什么？
- 你认为哪些关系是业务关系？为什么？
- 你认为有多少业务关系和同好关系应该更偏向于同道关系？
- 遵循以下原则建立真实联结：
    - 保持好奇；
    - 把全部注意力放在另一个人身上；
    - 提出强有力的问题，直达问题核心；
    - 倾听。

第九章

故事分享、故事讲述和意义创造的艺术

好故事实际每天都在发生，但它们发生时，我们并没有留意，甚至在事情发生后我们都想不起来。但我们体验过它们，喜欢它们，从中学习并受到启发。直到有一天出现一个人，他有足够的智慧去讲述它们，于是它们变成了故事。故事就是这样诞生的。

——保罗·史密斯（Paul Smith）

我在罗德岛普罗维登斯东区一个经营花店的家庭中长大，我们的家族生意位于泰勒街，这里是布朗大学的主要购物区和饮食区。我的祖父在他 14 岁时从意大利移民到了美国，他在这家花店一直工作到 40 岁，然后买下了这家店。他从不休息，每周工作七天，感觉自己是这个星球上最幸运的人。他的身份感源于他在第一次世界大战中的经历，他参军后因为在战斗中受伤而被授予紫心勋章，这些经历使他的人生有了深刻的意义和远大的目标。

我父亲和他的兄弟经营着这份家族产业，我的两个哥哥、堂兄和我在放学后或假期里经常待在花店。每天，我们看着形形色色的人从后门出入，能听到很多故事、笑话以及零星的信息，这些都让我们忍俊不禁，也让我们有机会一睹该地区各类人群的生活。

我的哥哥、堂兄和我非常善于模仿每个人的言谈举止以及他们走进店里的方式。我最喜欢布朗大学停车场的那位负责人，他的绰号叫“左撇子”，他用左眼向外看，而且似乎能一眼看穿你。他总是故意拖长音调喊我：“罗——布！我看到你今天和一位新朋友在一起，她看起来很漂亮哦！”

我们一家人节日聚餐时，不可避免地会发生一连串故事，有些故事似乎昙花一现，而有些深沉隽永。故事讲得越多，枝节添加得也越多。我的祖父经常回忆起家族生意早期，那时候，每周都会有一位女顾客在花店前停下来，她的司机戴着一顶大檐的司机帽，停车后会专门给她打开车门，然后人们就会先看到这个女顾客的小腿，接着她那刺耳的声音会传入店里："詹——姆斯！"她喊着。我祖父就赶紧跑到人行道上扶她一把。祖父总是强调他的工作就是服务，这也是他最擅长的，祖父对顾客的奉献是最令我难忘的。

故事关于家庭、文化和联结。故事颂扬过去、阐释现在，更让我们看到充满光明和希望的未来，故事赋予我们意义和目的。

这一章，我们把故事的力量视为领导者做出改变的基本工具，我们将探讨文化领导和意义创造的含义。我们将找出故事分享和故事讲述之间的区别和联系。此外，我们还将探索什么要素能造就一个伟大的故事，以及成为一个伟大的故事讲述者需要具备哪些素质。

讲述的力量

哈佛大学肯尼迪政府学院公共政策高级讲师马歇尔·甘兹（Marshall Ganz）开发了一个名为"公共叙事"（public narrative）的框架，它在 20 世纪 60 年代美国民权运动的背景下诞生，当时用于激励和动员群众，是一种将价值观转化为行动的工具。

甘兹认为，发挥领导力就是在不确定的环境中使他人达到目标的过程，发挥领导力需要脑、心和手的参与，也就是需要战略、动机和行动。通过讲述，我们可以将自己应对挑战时的经验清楚地展现出来，可以从中学习如何利用价值观来管理员工的焦虑和兴奋。讲述需要理智和情感的参与，既要讲道理，又要鼓舞人心，不仅教人们如何行动，还激励人们采取行动。

公共叙事由以下三个传播要素构成。

- 自我的故事——传递的是召唤你行动的价值观，也就是“为什么”。
- 我们的故事——传递的是你希望激励的人共有的价值观。
- 现在的故事——传递的是需要我们即刻行动的价值观。

理解动机（motivation，能够激发行动）需要首先考虑情绪（emotion）。心理学家认为，情绪（即我们的感情）信息部分是生理性的，比如情绪激动时呼吸或体温会改变；部分是行为性的，比如受到惊吓时会逃跑或动弹不得；还有一部分是认知性的，比如我们把一些感受描述为恐惧、爱、渴望或快乐等。

那么，我们是如何做出行动决定的呢？

该行动了

我想和你分享这本书的创作契机，以此来说明如何做出行动决定。2017 年 5 月，我和波士顿首席执行官俱乐部主席弗雷德·格林（Fred Green）一起喝咖啡，我希望弗雷德邀请我在他的会议上发言，弗雷德看着我，却说："罗布，我很喜欢你的想法，也特别想让你来发言，但我不能啊。"我问他："为什么呢？"弗雷德回答说："我只能邀请有著作的人发言。"我说："哦，对不起，我没有著作！"他直视着我，说："我知道你没有出书，我认识一个人，他可以帮你出书，他叫肯·利佐特（Ken Lizotte），在艾默生咨询集团工作，你给他发封电子邮件谈谈吧。"弗雷德马上给了我肯的联系方式，然后，我给肯发了一条短信，约他找时间谈谈。后来，我如约和肯见了面，吃完午餐，我们俩已经建立了很好的联结，我们意识到彼此在很多方面存在共同之处。我们有相似的背景、喜好，对工作也有相同的观点。他说我一定有一个精彩的故事要分享，而且一定有出版商对此感兴趣，然后还给我提了一些建议。写书是个大工程，我不知道自己能否成功。我问肯何以如何肯定，他自信地说，他只和能成功的人合作。

我是如何决定采取行动的呢？好吧，有几件事促成了我与肯的合作。首先，我做了研究，我从各种来源收集信息，我搜索了互联网，打电话给几个写过书的好朋友咨询意见、建议，最后，根据自己对肯的看法做出了决定。我本能地觉得他可以信任，他诚实、坦率，是可以合作的人，而且我觉得他考虑了我的利益。除此之外，我认为，当公共汽车停在你家门口，车门已经打开，你跳上去就是。于是，我就这样上了车。

情绪与什么有关系

不论什么时候，你听到领导者说“工作和感觉、情绪没什么关系”时，请你不要相信，因为他们没有说真话。研究已经证明，如果员工感觉到了工作的意义，那么他们就会将最好的自己带入工作。在工作场所，无论哪一代人，大家都有三个需要：一是获得尊重；二是明白工作的意义和影响力；三是与同事建立友情。如果你能明白员工看重什么、什么能带给他们意义和目标感，那么你就能激发士气，获得员工的信任，他们也会更加努力地工作。

这就是成为文化领导者的意义所在。

文化和意义的领导者

回顾第六章介绍的“三视角”框架，它将文化视角列为领导者应当具备的视角之一，也就是说，作为领导者，要了解组织成员所持有的基本态度和信仰。这个视角为什么重要呢？作为人类，我们本质上充满好奇心，我们渴望并需要从周围环境和事件中找到意义。如果我们想激励他人采取有目的的行动，就需要说出那些能够激励他们的话。

要成为文化领导者，我们需要转变角色和身份，将自己转变为能为工作创造意义的人、文化主角和故事讲述者。这要求我们有讲故事的智慧，成为组织内价值观和组织行动的倡导者、支持者与标准承载者。我们的工作是理解组织文化的内在动机，关注员工在哪些工作中获得了启发，这个过程要求我们扭转自己的偏见和短视，推动变革，采纳新思路。

故事讲述的艺术

培养讲故事的能力能提高我们理解组织文化的能力，我们可以从挖掘和提取个人生活、工作中的某些重要时刻开始，来培养讲故事的能力。讲故事是一门艺术，故事需要有意润色和更好地呈现。讲故事更是领导者的艺术，在《成为领导者》（*On Becoming a Leader*）一书中，沃伦·本尼斯为发展领导力提供了明确的途径。他说，领导者的主要作用是回顾他们的个人经历，反思他们生活中的转折点，从这些经历中汲取价值和经验教训，并以故事的形式分享。[(1)]

在本书第七章结尾处，我们已经参与过挖掘故事的考古过程，找到了领导力的三大价值观，并发掘了一些最能体现这些价值观的故事。下一步就是“抛光”润色故事，并与其他人分享。

在过去的40年里，我一直是个积极的故事讲述者，而刚刚过去的20年里，我领悟到故事讲述艺术包含三个要素：为什么、如何做和是什么。

故事讲述中的“为什么”就是在商业环境中，有效和有策略地使用故事，通过故事传达的信息来阐明价值观、分享经验以及突破障碍、激发行动。

故事是：

- 能吸引注意力的；
- 相互关联的；
- 令人难忘且容易复述的。

故事讲述中的“如何做”说的是要知道一个好故事的结构是怎样的，并且有信心、有能力讲述故事，也就是如何成为一个好的故事讲述者。

故事讲述中的“是什么”讲的是在正确的时间讲述正确的故事会带来意想不到的效果。如果你这么做了，那么你的故事会围绕观众心目中的“为什么”而讲。

故事结构

有不少书和参考资料都解释过一个好故事应该具备什么样的结构，你大概也学过在什么情况下该讲什么样的故事。为什么需要这种指导呢？我想大家都听领导者讲过故事，结构差不多就是：“在艰难困苦的年代，我们团结一致、同甘共苦、历经磨难，终于发展到现在，迎来了一切都好的局面。”这样的故事没有任何实质性内容，也没有什么特别之处。也许大家还听过另一种故事，领导者关注的是整个故事中出现错误或很无趣的地方，这些没有实质性内容的故事不会有影响力，因此，了解好故事的构成要素非常重要。

马歇尔·甘兹提供了一种叙事结构，根据他的理论，故事应由3部分组成：情节、主要人物以及经验或教训。我们分别来看一下。

- 情节。情节由3个要素组成：问题、选择和结果。故事开始时要交代背景，比如一个人正朝着他的目标前进，但随后出现了某种问题；随着问题解决方案浮出水面，这个人必须知道该如何做。他需要做出选择，然后等待结果。
- **主要人物**。主要人物是故事中与观众建立情感联结的人。主要人物将观众带入故事冲突中，经历决策过程和最终结果，让观众感受到他的感受。整个故事情节与观众的生活息息相关。
- **经验或教训**。选择某个故事是为了提出某种观点并唤起某种行动。一个好故事如果被非常好地讲述了出来，那么观众会迸射出情感的火花，内心会受到鼓舞，能够响应故事号召，开始行动。

成为一个故事讲述者

好的故事讲述者会深入浅出地讲故事，听众会被故事讲述者眼中闪烁的光芒、多变的声调节奏以及他们脸上的表情所吸引，他们就像是用整个身体在讲述，听众尤其会被故事讲述者传达出的情绪所俘虏。

伟大的故事讲述者愿意敞开心扉，邀请听众进入故事中，感受故事主人公的感受，看故事主人公所看，想故事主人公所想。更重要的是，观众能从主人公的经验中获得新的领悟和洞察力，于是故事就成了观众的故事。

你有没有领导过大型项目？当项目完成 80% 时，你有没有感到能量开始消耗，动力开始减弱？相信我们每个人都有过类似经历。遇到这种情况怎么办？如何使你的团队重新进入战斗状态？

几年前，我在加拿大做培训项目，我向培训小组提出了这个问题，然后我问他们是否有过类似经历。

一个叫约翰的人举手，分享了他的故事。

我是马拉松运动员，去年参加了波士顿马拉松比赛。跑马拉松那天天气不好，炎热难当，许多跑马者为此付出了代价。当到达“撕心裂肺山”（Heartbreak Hill）时，我感觉自己筋疲力尽、浑身难受，甚至每块肌肉都在哀号。踏着坚硬的路面，我的双脚和双腿生疼，我失去了继续前进的动力。我只想赶紧坐下来，而且我发现自己心里在想："没关系……你已经做得很好了……坐下来吧……没有人会在意的……你做得已经很好了……会没事的……"

我放慢了速度，最后完全停了下来。我弯下腰，双手放在膝盖上保持平衡。就在这一刻，我开始想象我的爱人和女儿在终点热切地等待着我。她们在我的训练中投入了大量心血，如果没有她们的支持，我无论如何都无法走到今天这一步。我开始想象当我去上班时，每位同事都会问我比赛的情况，一遍又一遍，如果我告诉他们我没有跑完，那多难堪。

突然，一种强烈的自豪感和决心涌上心头。我感到肾上腺素激增，我又跑了起来，最后取得了有史以来最好的成绩。

那天，我对自我有了更多的了解，我从来都不知道自己有什么资源，但那些资源与我最重要的东西联系在一起，密不可分，那就是对朋友、家人和自己的尊重、对他们的欣赏和爱，我不能让他们失望。

约翰讲这个故事时，房间里每个人都看着他。大家都在倾听，他讲完后，现场发出热烈的掌声。为什么呢?

当约翰分享他参加波士顿马拉松比赛的经历时，他说话很自然，他没有考虑故事的结构，只是自然地将它讲述出来。讲的时候，他完全沉浸在这段经历中，把大家也带到了故事里，他俘获了大家的注意力，也触发了大家的情感。

他完美地展现了他的风度和表现力。当他描述自己内心的挣扎时，他自然地流露出自己的脆弱，也表现出了他的坚强、决心和韧性。观众对他的体验是真实的。有趣的是，这个故事是培训课刚刚开始时讲述的，那时，我们还没有教授故事讲述的技巧。

艺术表演领域总有这样的问题："你能再演一次吗？" 你觉得约翰能以同样自然、流畅、富有表现力的方式再讲一次他的故事吗？也许你会说不能，这进一步说明了为什么故事讲述的技能如此重要。

正如大家所知，英国演员劳伦斯・奥利维尔（Laurence Olivier）男爵在一场特别精彩的表演后走下舞台，他眉头紧皱，嘴里小声嘟囔着什么。助手帮他脱掉外套，问道："您刚刚的表演特别优雅，几乎是您表演中最精彩的一场。可您怎么不高兴啊？"

奥利维尔回答说："是很精彩。可是……我不知道自己做了什么。"

很多人问"我们如何再次创造辉煌"，其实这个问题本身存在错误。"什么样的方法可以让我们再获成功？" 我们应当关注这样的问题。方法的一致性和效果的一致性是两码事，作为领导者，我们是否只关注结果？或者只关注方法和意图？意图产生技术，方法得到结果，这是伟大的故事讲述者需要的技能，也是伟大的领导者需要的技能。

故事讲述的舞台方法

一个好故事不是被构思出来的，而是被提炼出来的。

——雷蒙德·钱德勒（Raymond Chandler）

现在，我希望你已经接受了“故事在商业环境中是一个有用的工具”这一观点，你已经了解好故事应该具有的结构以及在不同情况下什么类型的故事能起作用。你做好准备鼓起勇气去讲故事了吗？你想知道如何在演讲或客户销售会议中使用故事吗？你对自己讲故事有信心吗？

很幸运，在我的艺术表演学习生涯中，故事讲述是很重要的课程。每次演出结束后，我知道我需要和观众交流，询问他们喜欢或不喜欢演出中的哪些部分。记得有一次，有一位父亲对我说，他被我的故事感动了。对我而言，这是一个启示，当你完完全全沉浸在表演中时，一些魔力会在观众中产生，观众会自然地沉浸在你讲述的故事中，然后被感动。

直接叙述故事

直接叙事是将观众完全带入一种充满质感和细节的故事中，将观众带到另一个时间和地点。无论是讲述自己的故事、民间故事还是其他人的故事，故事讲述者都扮演着主要角色。通过讲述者的视角，故事将活灵活现地呈现出来。

大多数直接叙述性故事都采取第一人称、现在时态讲述，比如“站在悬崖边上紧抓着扶手向峡谷望去，我感到一阵兴奋”；也可以用第三人称叙述，例如，“他走出大楼，却被狂风吹了回来”，这两句话都充满细节、情绪和动作。

决定采用哪种媒介讲故事、采用现在还是过去时态，会产生不同的效果。大家会听你讲的故事还是会读你写的故事？回顾本书内容，你会发现我分享的大部分故事采用的是过去时，偶尔会采用现在时。例如，如果某人正在给组织写一封公开信，过去时态夹杂一些现在时态会让读者感觉更“可读”，更优雅；如果你准备走上舞台讲述故事，想让观众真正进入故事中，那么采用现在时态可能最有效。

用第一人称讲故事需要锻炼，使用第一人称和现在时态可以让你重新体验整个事件。让你再次进入当时的情境，让整个故事生动地再现。它还能让你通过面部表情、身体和声音来表达你当时经历的感情变化。这时，本书第五章身体和声音的练习就派上了用场。当我们能让身体和声音在更大范围内扩展，我们就能把故事讲得更生动活泼。

用感官细节吸引观众

讲故事时，生动地描述细节非常重要，尤其是描述我们感官体验到的细节，包括我们看到的、听到的、感觉到的、闻到的和尝到的，我们喜欢的或不喜欢的背景声、空气里的味道等。佛罗里达州的炎热会使我们感到放松，而走在黑暗的小巷会让我们内心恐惧、会让我们身体颤抖，这些描述都会让观众感同身受。

当这些元素结合在一起时，直接叙事可以使故事产生不可抗拒的魔力。听众在故事中能闻到休息室传来的爆米花味，能感受到你越过终点线时内心升腾的喜悦，能让听众将故事讲述者的教训内化，从而完成故事讲述者长久以来期待实现的目标。这些都是故事讲述的特点，讲故事能够让别人体验到你在哪里、你是谁以及你的感觉和想法是什么。

了解故事中感官细节的使用可以有力地吸引观众的注意力，除此之外，我们还需要了解剪辑的重要性，剪辑就是留下推进故事发展所需要的情节，把其他细节剪掉。如果你还记得本书第八章讲述的故事："坐在办公桌前，收到一封客户发来的电子邮件。漫长而艰难的一周就要结束了，大厅里传来爆米花的香味，我能听到同事们在休息室谈笑的声音，我知道那里有一杯冰镇啤酒正等着我。"这些细节既能让我们在视觉上感受到，又能让我们意识到漫长的一周终于结束时，主人公需要情感上的联结和放松。

艺术与科学

2017 年年底，我开始与黛比·布罗姆利（Debbi Bromley）合作，她供职于 Genex Services 有限责任公司，是该公司人力资源高级副总裁，负责员工薪酬。这家公司是工伤赔付领域"管理式医疗服务"的供应商。黛比在攻读博士学位，她的专业研究方向是"创新领导力"，博士论文的主题确定为"故事讲述技能对领导者自我效能和表现力的效果研究”，其中自我效能指领导者对自己能力的信念，表现力指活动的实际执行情况。研究包括定量和定性数据。

她参加了两天我的领导力课程，这为她的研究打下了基础。培训开始时，我要求每位学员先用3分钟的时间准备演讲，要求演讲中包含一个故事，学员准备好之后在课上做演讲展示，摄像机会记录大家的演讲状态。大家的演讲就“故事是什么”以及“如何在商业演示中使用故事”做出了不同的解释，对此我感到非常欣喜。有的学员认为，故事是一份事实清单；而有的学员则认为，故事应当有趣味、有情节，不过他们从来没有讲过故事；还有的学员说，自己对故事的概念一点也不清楚；有些学员则表现出对故事内涵的深刻理解，他们把故事讲得栩栩如生。3分钟的演讲练习对大家产生了影响。

我们做了什么

在这两天的培训课程中，学员做了各种各样的舞台练习，目的是培养自己作为故事讲述者的风度和表现力。这个过程首先需要学员以饱满和机敏的表现力站上舞台、沉着镇定，然后让自己的存在感充满整个空间。我们使用莎士比亚戏剧中的台词，练习如何形象生动地表达，如何阐明意图，如何邀请听众进入故事中，大家还分享了关于最佳自我的故事，练习了如何使用比喻手法，辅以感官细节来简洁、清晰地传达复杂信息。

最后一个练习是使用第一人称或直接叙事技巧。我们将学员分为两组，一组扮演故事讲述者，另一组扮演教练。每位故事讲述者需选择一个故事，然后进行五轮具体讲述，每轮讲述的故事都结合着教练有针对性的具体指导。

- 第一轮，鼓励故事讲述者使用第一人称、现在时，并描述感官细节。
- 第二轮，将注意力集中在声音上，结合所处环境的背景声、角色的声音以及故事包含的情绪。
- 第三轮，要求故事讲述者不使用语言来讲述故事，关注人物的姿势、肢体语言和动作。刚开始大家感觉很困惑，但到最后，每个学员都连蹦带跳，或蹲伏，或蹑手蹑脚地讲述着故事。
- 第四轮，故事讲述者结合上述所有元素完整地讲述这个故事。
- 最后一轮也是最重要的一轮，教练和故事讲述者共同检验故事结构，确保故事背景完整，有主要人物，主角专注于既定目标，后来遇到了问题，接着做出选择，最后带着观众等待结果。还要求一组（两位）学员讨论整个教练学习过程中吸取到的经验教训，以及他们要如何运用这个故事。
- 学员们在小组面前分享自己的故事，然后小组成员给予反馈和指导。

我们学到了什么

课程最后一部分，我们让学员做好准备，再次排练，最后展示他们的演讲。我们鼓励学员将这两天学到的所有技巧融入故事讲述中。结果，培训效果非常好。

- 每位学员都能更好地进入观众围拢起来的圈子，与观众互动。
- 学员们似乎很喜欢自己故事讲述者这一角色。
- 学员的演示报告有扎实的框架结构，包括情节、主要角色和经验教训。
- 学员能够以直接叙述的方式将故事栩栩如生地讲述出来。

课程结束后，黛比收集了学员的定性和定量数据。通过分析调查数据，在如图 9-1 所示的几个方面，学员的自我效能和表现力有了明显提高。

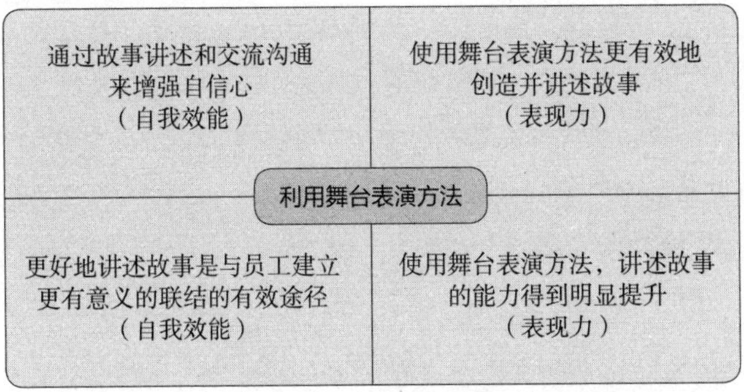

图 9-1　学员在自我效能和表现力方面有所提升

此外，图 9–2 中发生改变的几个方面是评估者认真观看了本课程前后学员的演示录像后得出的结论。评估者按照给定的具体标准为录像进行评分，而评估者代表普通观众。

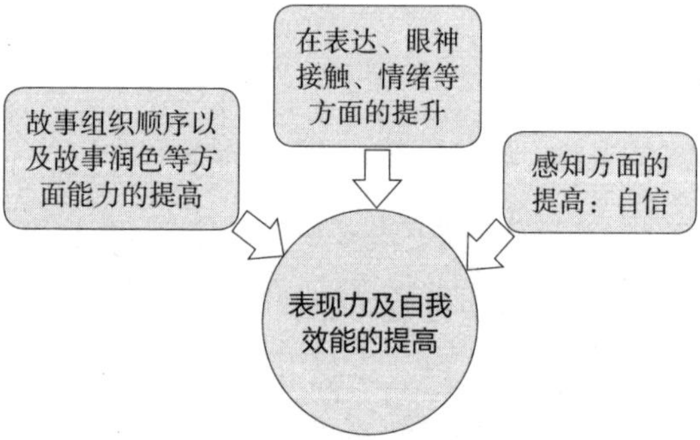

图 9–2　演讲前后对比

图 9–3 代表参与者的后续反馈。通过学习，学员学到的舞台表演方法可以提高他们的故事讲述能力（表现力）和信心（自我效能）。

其中一名学员这样说。

> 亲爱的同学们，今天我做了一次演讲，使用了罗布教给我们的故事讲述模型。虽然这次演讲使用的不是我熟悉的方式，但它真的有效！感谢大家的帮助和鼓励。

自信是通过不断试错建立起来的，只有当人们感觉获得奖励的可能性远远大于失败的风险时才会表现出自信，而看到别人向前迈出一步取得成功时，我们也会受到激励。讲故事是人类的一种艺术形式，正是在讲述和聆听的过程中，故事讲述者和观众建立了深厚的联结，并且能相互理解。

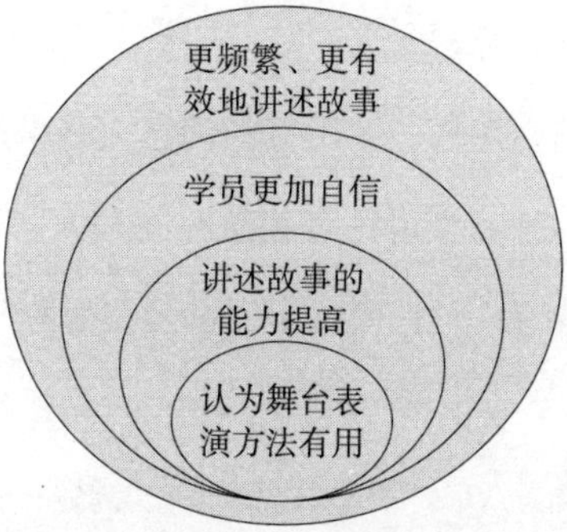

图 9-3　学员后续反馈

浴火重生——你会做什么

我想，不管在什么时候，只要组织发生了变化，员工自然会感受到不确定性和恐惧感。作为领导者，这时最重要的是坦诚相待，让大家知道预期结果。

想象一下，过去你领导着一个由 25 人组成的团队，升职后，你领导一个由 250 人组成的团队。过去 5 年里，你一直是机构最具创新性的部门的领导者，之前团队成员都认识你、了解你，知道你赞成什么以及他们可以期望你做什么。你公平、坚定、强大，他们信任你。

现在，你的职位更高了，你的工作是将 5 个独立团队合而为一。有几个人认识你，但大多数人你第一次见，他们甚至都没有听说过你是谁。机构重组，职务变动，你要承担的风险很大，而机构还指望你完成任务、交付结果。你将在市政厅会议上向员工做介绍，到时候大家都会看着你。

当着所有人的面发布一个不好的消息，如果是你，你该怎样准备呢？该说什么？是直接讲还是花点时间和大家建立真实的联结？下面的例子是虚构的，但它可以作为示例，帮助你做好类似演讲。

谢谢大家的到来。我知道现在的处境对所有人来说都非常困难。10 年前，我面对和大家相同的境遇。当时，我所在的那家公司面临重组合并，每个人似乎都在充满不确定的海水中挣扎。那时我已经有了自己的小家，我特别害怕第二天突然没有了工作，那样我该怎么办。

今天情况相似，但又十分不同。估计大多数人还不知道我是谁，也不知道你们能期待什么。老实说，我今天无法就最近重组带来的影响给大家任何说法，但我可以向大家承诺，承诺给每个人发声的机会，承诺平等对待每个人。

你可能会想："说起来容易做起来难，我们怎么知道你会不会信守诺言。"

我想给大家讲个故事。

那是我高中三年级时发生的，我当时是我们足球队第三个四分卫，属于替补的替补。午饭后，我准备去上下午第一堂课，我到储物柜拿书，走廊里有好多跑来跑去的孩子，更衣室的门砰砰关闭的声音混合着炸薯条的气味，弥漫在空气中。

突然，大厅里传来一阵骚动。我看到学校里的“足球明星”们围成一个圈，正笑着指着什么。他们高高在上，嘲笑躺在地板上的一个学生。我仔细看去，认出那是我们班的新同学史蒂文，他患有脑瘫。他的书散乱地堆在旁边，其他资料文件散落在地板上，我看见他在哭。

我走过去想一看究竟，不过半路又停了下来。我对自己说：“他们这样做是不对的。但我又能怎样呢？这些人是球队的明星啊！”但我感到很愤怒，我不知不觉地走进他们围拢的圈子。

我站得笔直，盯着他们的眼睛，用一种连我都感到陌生的声音强迫他们后退。我捡起地上的文件和书，然后扶史蒂文站起来，把拐杖放在他的前臂下，用胳膊扶着他去上课。

我从来没有和围拢史蒂文并嘲笑他的那些球员说过话，然而，事后他们都来找我道歉，还承诺会亲自向史蒂文道歉。我想这个关于包容和尊重的教训，他们永远都不会忘记。到今天，史蒂文依然是我最好的朋友。

今天我讲这个故事，因为我认为挺身而出支持正义很重要，即使做起来很难，甚至不受欢迎。就像我刚刚说的，今天我不能给大家什么答案，但我可以保证整个决策过程将对每个人保持透明。如果你看到或经历了一些感觉不对劲的事情，请你大声说出来，我和所有团队成员都已经做好准备，随时解决大家提出的问题，回答大家可能有的疑问，我办公室的门向大家敞开。

讲话的人希望与观众就“我会做正确的事情，即使这不容易”保持联结，当然，他本可以向团队直接说这些话，但如果这样做的话，大家会如何回应？通过讲述自己的故事，发言者揭示了自己真实的性格，而观众也会因为他的真诚而对他印象深刻。

让你的故事带领观众进入临在时刻

在正确的时间讲述正确的故事至关重要，要确保分享的故事能与听众产生共鸣。正如上面案例中的故事那样，我们需要考虑观众内心的疑问和他们关注的问题，明白什么样的故事才能引发共鸣，才能让他们安心。这些将为我们在选择正确的故事类型及故事中需要揭示的元素时提供线索。

一旦确定了领导力的 3 个重要的价值观，就要开始寻找最能说明这些价值观的时刻和经历。有时它可能只是一个鼓舞人心的引言或类比，但无论怎样，它们都是你随时可以使用的工具。要注意，不要夸大这些故事，把故事讲给不同的听众，保持故事的新鲜感，随着时间的推移不断丰富故事的内涵。

在商务演说中，找到与你的关键点相匹配的故事非常重要。图 9–4 是我最近为一个建立高绩效团队的演讲所做的准备。我在图上列出 3 个要点：

- 个人对成长的承诺；
- 扩展你舒适区外的联结；

- 通过讲故事，构建团队联结。

做准备时，我会在纸的侧边随手标记，它们提示我阐述每一个观点时要使用的故事。

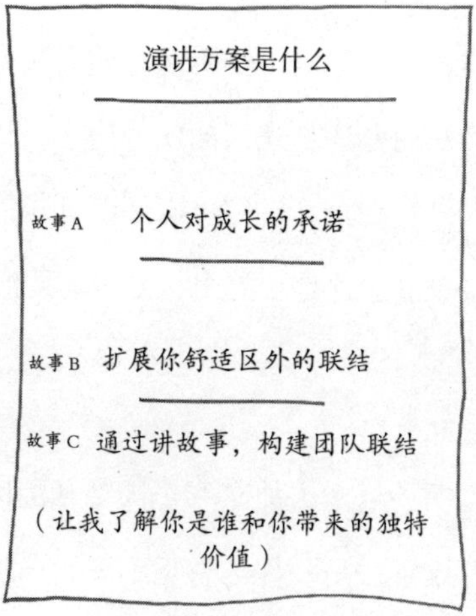

图 9–4　演讲结构草图

最近有一个项目，我与来自全球金融服务公司的两位女性高管有合作。课程第二天，她们都很兴奋，她们迫切想分享前晚的经历。其中一位说："我们已经在同一团队工作了 10 年了，而且我们的办公室紧挨着。6 个星期前，公司领导者要求我们制定一个预算方案，但我们一直没有协调好时间。昨天做完培训练习后，我们决定一起出去吃饭。我们分享了很多故事。吃晚饭时，我们决定研究一下预算方案，结果花了 10 分钟就做好了！我们把它发给了负责人，他对我们工作的质量感到满意。出去吃饭的 1 小时，我们对彼此的了解超过了一起工作的 10 年，而且我们还在非常短的时间内完成了任务。我现在终于明白了在商业环境中建立联结的重要性。”

这个故事清晰、简洁，引起了大家的共鸣。

如何选择故事以及如何与观众产生共鸣是故事讲述的精彩之处。作为故事讲述者，首先要了解听众，然后决定故事的讲述时间以及讲述速度。最好的办法是先给朋友或同事讲讲，确定你有能力讲述这个故事后再讲给观众。讲完故事还要征求朋友、同事的意见和建议，看看你的故事主题是否突出、是否需要润色等。

一个提醒

在这里我想说明一下个人故事和个人隐私的区别。个人故事是一个对你有意义的故事，是一件你感觉不尴尬、不羞耻的事；而个人隐私则是可能让你感觉生涩或尚未完全理解的事。究竟要分享什么当然属于个人选择，这需要一些经验。如果你不太确定，可以在分享之前询问你信任的人，征求他们的意见和建议。

这一章介绍了很多内容，我们首先讨论了领导者作为文化领导者和意义创造者的角色时意味着什么，我们还讨论了故事讲述中的“为什么”“如何做”和“是什么”，以及故事的结构。最后，我们深入探讨了如何成为一名伟大的故事讲述者，而下一步就要开始收集、创作和分享故事了。

第十章

发挥影响力的艺术

想有说服力，人必须可信；要可信，则必须可靠；要可靠，则必须诚实。影响力是一个人的核心能力，是一个人改变他人或某个团体的思想、信仰、行为的能力。

——爱德华·R. 默罗

（Edward R. Murrow）

发挥领导力从发现最好的自己开始，这需要我们了解组织内部影响力和权力的来源。本章我们将重点关注个人权力的培养，这是领导者创造有意义的行动最可持续的方式。我们还将探索包括比喻在内的重要的沟通工具，用这些工具向他人分享自己的想法并指导我们的实际行动，我们还将学习如何利用意志力激发表达能力并最大限度地发挥影响力。在深入每个主题前，我们还需要了解领导者的最终责任是施加影响，也就是说：

- 对自己施加影响，选择如何出现及如何发挥领导者的作用；
- 影响所在团队的语言；
- 影响所在团队的愿景和战略；
- 影响潜在客户对团队的信任以及购买团队服务的意愿；
- 以目标、激情和不懈的努力引导团队实现集体目标。

那么影响力从何而来呢？它是什么样子的？它和权力一样吗？它该如何培养？施加影响力的工具是什么？

影响力可定义为：

- 影响个人信念和行为的能力；
- 在不使用武力的情况下发挥作用的行为。

权力可定义为：

- 直接影响行为和结果的能力。

简单地说，权力就是影响他人的能力。施加影响需要权力。

权力从何而来

1959 年，约翰·弗伦奇（John French）和伯特兰·雷文（Bertrand Raven）共同开展了一项关于“领导者发挥影响力时使用的权力”的研究，这项研究直到今天依然是该领域研究的基础。弗伦奇和雷文确定了 5 种权力来源，它们大致可归为 2 类：组织权力（合法、奖励、强制）和个人权力（专家、崇敬）。

我们来一起看看弗伦奇和雷文的五大权力来源。

组织权力（指个人在组织中的地位）

（1）**合法（职位）权力**是指一个人处于某个职位时影响他人行为的能力。具有合法权力或处于某个职位则有权要求他人做其职权范围内的事情。

（2）**奖励权力**是一个人通过奖励他人来影响其行为的能力。奖励通常分为3类：财务奖励（奖金或加薪）、工作相关的奖励（想获得的任务或项目），以及认可（奖励、承认等）。如果针对具体行为有适当的奖励机制，员工的行为可能发生变化，但只有当员工重视这些奖励时，这项权力才起作用。

（3）**强制权力**是一个人通过使用惩罚或威胁的手段来影响他人行为的能力。典型的组织惩罚包括训诫、分配不理想的工作、隐瞒关键信息、降职、停职或解雇等。强制权力具有负面作用，使用强制手段的人可能会有负面感觉。

个人权力（指个人的能力）

（1）**专家（知识）权力**是指通过公认的知识、技能或才能影响他人行为的能力。即使专家在组织层级中职位较低，但他们仍拥有权力。获得专家权力需要权力拥有人具有可靠、可信的声誉，并与其他员工密切配合。

（2）**崇敬的权力**是一个人通过获得他人的尊重和钦佩来影响他人行为的能力。崇敬的力量来自个人的言行和名誉。

行使组织权力的领导者固然可以从他们领导的成员那里获得一

定程度的关注和顺从，然而，这种权力在影响的时间和范围上是有限的。人们对领导者用胡萝卜或棍棒管理团队的做法会感到厌倦和愤恨。

另一方面，掌握个人权力的领导者都有能力获得他人的信任，这也解释了为什么有些人会为他们的领导者赴汤蹈火。这些领导者能激发团队成员的忠诚度和信任感，能围绕组织共同目标点燃团队激情。

影响力框架

我们接下来要介绍的内容作为构建个人权力和影响力的模型，包含以下 3 个方面的内容。

- 用镇静和临在创造影响力。
- 用同理心建立信任和联结。
- 用语言创造意义。

镇静和临在

在这本书开头的章节中，我们研究了保持镇静和进入临在状态的技巧。我们了解到，我们的表现力对其他人如何看待我们，以及他们与我们在一起时如何看待自己，都有着明确而直接的影响，其他人要么被我们投射的能量所吸引，要么被排斥。我们还了解到，在无意识的情况下，我们的身体和声音发出的信息可能相互冲突，我们需要培养技能，提高肢体语言和声音的协调性，使我们想要传达的信息能够顺利传达。

在前面的章节中，我们还关注了培养表现力和展现真实性的内在维度。只有当我们真正了解了自己的立场，并能在日常行为和互动中体现这些价值观和原则时，其他人才会对我们的想法持开放态度，并将自己投入集体的未来中。

同理心

同理心体现了一个人在人际关系中的智慧。我们了解到，真实的联结依赖于我们对当前事务的沉浸度、倾听技巧，我们对他人价值观、信仰和差异的尊重。

满足这些条件时，其他人会感到足够安全，能够展现自己最好的一面。创造这些条件时，我们也会体会到一种相互联结的感觉。

语言

语言是叙事智慧的发展。本书第九章介绍过，故事能使人们的脑、心和手都参与进来。作为领导者，我们必须成为伟大的沟通者。

实现良好沟通的关键

现在我们来一起探索日常交流中大家可以用来发挥影响力的技术和工具。

向别人敞开心扉

你有过这样的经历吗，感觉自己好像在跟木头人说话或演讲？我能想象到你在咯咯笑着点头。好吧，我不想多说什么，但那的确不是听众的错。

听众听演讲时，他们使用的是大脑的理性部分。你的工作就是让他们远离理性，调动他们大脑中的视觉和情绪部分，让大家像在喜剧俱乐部等着喜剧演员出场然后开怀大笑一样。

闭上眼睛想象一下你从小生活的家，想象自己正站在家门口的草坪或人行道上，你看到你家房子的颜色了吗？看到周围的树了吗？看到窗户和门了吗？你已经调动起了大脑的视觉部分，就这么简单。

然而，仅仅想出图像还不够，你还需要调动大脑的视觉和情绪部分，图像要生动，要对人有意义。比喻和讲故事可以帮助人们呈现故事和想法，有助于人们在大脑中形成生动的形象，并深入内心，从而建立情感联结。

间接叙述

人类是创造意义的生物，正如看到黑白线条画时，人们会不由自主地想将其涂上颜色，涂颜色就是间接叙述的过程。

把观众当作故事主角时，间接叙事就发生了，这个过程就像是你为观众提供黑白线条画，然后他们用自己的经验填充图片，创造属于自己的意义。在生动地讲述自己的想法时，这种方式会特别有效。通过描述各种视觉感受和其他感官细节，可以把观众带入某个具体的时刻，让观众在故事中感到、看到、听到、闻到周围的环境，然后他们会告诉你他们的喜好，以及那对他们来说意味着什么。

激活人们的感官可以对抗确认偏误。确认偏误是指人们不自觉地使用信息和数据来确认他们之前的认知。

这里我想强调的是，人们实际上没有办法直接处理确认偏误。

比如你打算说服某人，可事实是你越想说服他，他越会产生防御心理。比如当你走进一家汽车经销店时，年轻的销售可能会特别热情地向你微笑、同你打招呼，然后马上开始推销他们的产品；而经验丰富的销售则从容镇定得多，他们能读懂你的肢体语言，知道你的防御系统已经启动，他们往往会让你坐进车里体验一下，体验本身会影响你的感受。他们知道，无论事先做了多少研究，客户还是会根据自己的感受来决定购买什么样的车。

比喻的力量

亚里士多德曾经说过："古往今来，最伟大的事莫过于成为一位比喻大师。"比喻和类比等修辞手法是领导者强有力的沟通工具。人们通过比喻来思考和推理，因此，追根溯源，比喻的使用是人们处理信息和做出决策的方式。这就是为什么用一个好比喻来阐明观点会发挥很大的作用。

比喻无处不在，是我们语言的一部分。每种文化都有比喻，比如"时间就是金钱""像狐狸一样聪明"和"大自然的力量"等表达，这些比喻在日常生活中经常被用到。然而，有意识地、有策略地使用比喻是一种需要学习的技巧，对某些人来说，这种技巧可能并不容易掌握。

迈克是我之前的一位客户，他是一家大型制药公司的营销副总裁，我很喜欢他关于战略的一个比喻。迈克告诉我，有一次他向200多人的营销团队做报告，他带了一根4英尺[①]长的棍子走上讲台，然后故意停了一下，向观众致意，微笑着说："我知道你们都在想我为什么要带根棍子。"

"这根棍子的长度正好是4英尺8.5英寸，这是铁路轨道之间的确切距离，也是庞贝城车轮形成的车辙之间的确切距离，而这一距离就是两匹马拉着一辆车的宽度，这个宽度必须保持恒定，这样，马车轮子才不会在行驶中断裂。"

① 1英尺≈0.3048米，1英寸≈0.0254米。

“几百年来，无论世界如何变化，这个宽度从未变化。这些天，正如大家所看到的，我们经历了很多变化，引发了大家很多关注。我希望大家记住这根棍子，它提醒我们，在改变中，仍有一些东西不会变，比如我们的价值观，以及我们对待彼此的方式。只要这些东西保持不变，我们就不会受到伤害。”

迈克是个比喻大师，从他的演讲中我们学到下面这些内容。

- 比喻像磁铁，能将房间里所有人的注意力集中在自己身上。
- 比喻是有意义的。房间里每个人都接收到了讲述者传达的信息，比喻带领所有人一起进入临在时刻。
- 比喻令人难忘。从我第一次听到这个比喻到现在已经有十多年了，现在它在我的脑海中依然生动。

仔细选择你的比喻

我有一位客户在麻省理工学院工作，一次我和她谈话，得知她围绕一个云计算项目新的敏捷方法，巧妙运用类比，成功提高了员工参与度，对此我感到很惊讶。当时她面临的主要问题是：大家感觉项目有风险，而一旦出了问题，项目很可能延期，因此团队人心惶惶。她很快召集了小组会议，和大家说：“我知道每个人都担心项目出问题，不知道大家还记不记得项目刚刚启动时的情景，我们每个人都感觉自己在进入一个崭新的领域，新领域必然存在一定的风险。通过采用轻量级方法，我们能更好地应对和克服这些挑战。大家可以这样想，我们正在盖自己的房子。盖房子搬家不可避免地会出现一些不可预见的问题，但重要的是，这是你的房子、是你家，你可以很好地处理这些问题。这个项目也一样，我们待在这里，我们有足够的能力去处理我们遇到的任何问题。”

她使用的比喻很受欢迎，并开始在团队内流传。团队中一位同事有些妒忌她，在之后的团队介绍中，那位同事使用了飞机乘务组的比喻，他告诉大家，飞行中，乘务组必须根据条件变化不断调整和改变。由于大家已经接受了前一种比喻，就没有再接受这位同事的比喻，还对他表示了不满，说他们不想和他一起乘坐破飞机，这太危险了，他们更愿意待在自己家里，以安全的方式解决问题。最终他也意识到了自己的问题，完全接受了我那位客户向团队提出的建议。

不要低估精心设计的比喻对团队的影响力。

与任何新技能一样，使用比喻时我们需要了解以下内容。

- 其内在价值。
- 我们为什么要学习使用比喻。
- 如何训练才能使比喻成为沟通中的自然组成部分。

关键是马上付诸实践。

那么，你在扮演领导者角色时如何使用比喻呢？我们可以集思广益。

（1）假如你负责组织会议，要介绍当天所有的演讲者，你会等着他们把简历发给你，然后你再依次念给观众吗？

你当然可以这么做，但效果肯定不好。在开会前花几分钟时间和每位演讲者做简短的沟通，了解演讲者比较独特的方面，思考一下你对每个人都有什么印象？你对他们感觉如何？他们有什么特别之处？你能想到让观众心领神会、有意义的形象吗？呈现这种形象，使每个人的介绍都有他们的特点，具有个人风格、有联结性和启发性。相信你在一天结束时会成为介绍嘉宾的大师。

（2）假如你是一位经理人，团队有新员工加入，你非常高兴，因为这位新员工正是你一直在寻找的那类人，所以你特别希望团队成员能接触和了解这位新成员。你该怎样介绍这位新成员呢？

你可以花点时间和这位新员工深入交流一下，分享故事，看看她的哪些方面会令大家感兴趣。搜索描述此人为团队带来的价值的比喻，使用视觉图像传达信息。

（3）假设你是一家初创公司的合伙人，你和你的合伙人准备向一组风险投资人推销产品。不料合伙人病了，不能和你一起演讲，你只好一个人上场。完成报告后，有位投资人说："我们很喜欢你的想法，认为你很棒。你的合伙人今天没来，你能说一下他与众不同的地方吗？他的价值何在？"你该怎样介绍合伙人才能使大家对他产生积极正面的印象呢？

这是形象的比喻可以发挥作用的地方。你可以使用下面的模板做准备。

- 我来告诉你________________
- 我最欣赏他的是________________
- 他的 3 个特质使他成为理想的合伙人

  ①________________

  ②________________

  ③________________
- 我认为他就像

____

____

找到一个能激发大家想象力的形象比喻，利用视觉图像和感官细节吸引大家的注意力，创造一种有意义的联结。

成为比喻大师需要练习，练习得越多，你就会做得越好，视觉图像也会随之而来。

意图的力量

在交流中，我们的意图会让自己不自觉地放大手势、提高说话声，这些都会对目标受众产生影响，而这些也是演员用来解释台词的办法，能帮助他们达到理想的效果。

我们来练习一下，这次使用莎士比亚《恺撒大帝》的台词。

朋友们，罗马人，同胞们，请听我说！

恺撒是罗马帝国第一位皇帝，他在元老院会议上被一群罗马参议员残忍地杀害。参议员们想先发制人，努力封锁信息。

恺撒的尸体被放在元老院的台阶上，谋杀事件发生后，所有人都感到不知所措。第一位发言的是布鲁图，他曾经像恺撒的儿子一般（他是主谋之一），他是一位训练有素的演说家，他熟知希腊式的交流方式：逻辑性强、可信度高、能打动人。

- 逻辑性是一种逻辑上的吸引力，逻辑性能够以理性和事实的形式体现，用来说服他人。
- 可信度是一种道德和价值观上的吸引力，人能通过他的品格和可信度来影响他人。
- 打动人是一种对观众情感和情绪的吸引力，它能让其他人站到你这边。换言之，这就是话语的情感效果。

布鲁图的演讲体现了很强的逻辑性和很高的可信度，他的演讲非常有力。他言辞正确，他高大挺拔，然而他讲话缺乏感情联结，观众在听他演讲时，还在寻找言语背后的意义。

然后轮到马克·安东尼发言了，他是恺撒的将军，他爱恺撒，他会因为恺撒被谋杀而受到责难。他需要用强烈的情感吸引这群人，他的性命有赖于此。

他以“朋友们，罗马人，同胞们，请听我说”开始。

- 朋友们。他需要让自己相信，人群中至少有一个人站在他这一边，他直视自己最亲密的盟友，希望与他建立联结，他伸出双手，说“朋友”。
- 罗马人。他看到了团队中亲密的成员，他们曾经与他并肩作战。他们需要他坚强，并承认他们是一起的。他用尽浑身力气，带着自己的目的使劲地喊道“罗马人”。你能想象到这个场景吗？这个练习很有趣，特别是观众也喊出“罗马人”的时候。
- 同胞们。他需要吸引人群中的每个人，让每个人都感觉自己是其中的一部分，他需要激励他们。喊“同胞们”这个词时，你可以张开双臂。
- 请听我说。他需要大家听他说话。在这里，你可以发挥自己的创意，看看怎样能改变沟通方式。

例如，我们可以试着改变一下意图，比如变成恳求。意图的改变如何改变沟通的效果呢？对你的声音和手势会有什么影响？意图会使我们的沟通产生一致性，也就是我们的声音、身体和情绪会传达同样的信息，观众会从中感受到我们的真实性。你也可以尝试其他意图，例如邀请或命令。

下面列出一些意图，用来指导我们练习，思考意图改变后我们要说什么、怎么说，人们会怎样回应我们的各种意图。

- 使激动；
- 安抚；
- 警告；
- 激励；
- 告诫；
- 赞美；
- 鼓劲加油；
- 启发。

商业环境中意图的使用

最近，一位领导力培训客户在电话中向我求助，再过几天，她要为整个销售团队做报告，她说一想到要面对 30 个人讲话就感觉害怕。我请她详细描述一下情况，她说公司决定裁掉 15% 的员工，她不知道该如何与团队成员讨论此事。我问她，她的团队中是否有人要被裁，她说“没有”，并补充道：“公司比以前更需要他们！”然后我问她，团队成员现在在想什么，他们的感受如何。她停顿了一下，说：“害怕、紧张、愤怒”“我会被解雇吗”“这会影响我的工作能力吗”“我还能养家糊口吗”……

我又问她大家需要她做什么，她不假思索地说：“确认他们不会被裁掉。”

花些时间把自己放在团队成员的位置上。公司正在裁员，你打算在30名团队成员面前说什么？写下你想说的话，思考一下你如何把到目前为止这本书里介绍的内容考虑进来。你能马上开始讲话吗？还是站在他们前面，做一次深呼吸？你要融入这一刻，然后微笑，看着每个人，再一次深呼吸，和大家一起进入临在状态。

后面的办法会让你在讲话之前向团队敞开心扉，让“使大家安心”这个意图指导你，让你将准备好的内容表达出来。

思考整个场景。这就是所有你要说的吗？还需要他们做什么吗？你可能需要“挑战”团队，让每个人深入挖掘和寻找自己工作的意义和目的，因为只有他们努力，公司才能摆脱当前的困境。最后，你可以给大家灌输信心，让他们知道你会和他们共进退。

将共情和意图结合在一起是一种很好的赋予意义的做法，让你能与大家在他们所处的位置相遇，并带领他们去往他们想去的地方。通过发挥领导力、磨砺自己、真正领导他人，一个人就能树立真正的领导者形象。

暂停点

你写出的备忘录再鼓舞人心都无济于事，人们都很聪明，他们能够识别不真实的信息，诚恳和真实是无法用文字描述的，事实终将胜利。然而，仍然有无数领导者以谎言和欺骗为工具，正如格劳乔·马克斯（Groucho Marx）说的那样："成功的秘诀在于真诚，如果你可以假装真诚，那么你就成功了。"

信任是自上而下建立的。一旦你做出了承诺，一定要坚持到底。你一旦失去别人的信任，将很难重新获得。

准备

准备互动或演讲是沟通中最关键的部分。观众会是哪类人？那些人会有什么样的想法和感受？他们可能会担心什么？他们现在需要你做什么？

共情是一个难以理解和实践的概念，有个方法可以练习共情，想象一下观众在思考什么，会感受到什么。比如那 30 名团队成员可能会想这些问题。

- 我能相信你吗？
- 我们会遭遇什么？
- 我会留下来继续工作，还是会被当作"冗余"裁掉？
- 如果失去这份工作，我将如何照顾我的家人？

我想你已经知道我要说什么了。许多领导者对这些“领导力时刻”准备不足。在这种情况下，做深刻的自我反省是实现目标的第一步。询问你信任的顾问，从团队中挖掘一些主题和故事，回想一下自己经历过的类似遭遇。

演讲准备工作表

任何演讲报告都需要做适当准备。考虑具体情况以及所有利益相关方的观点有助于我们更好地传递信息。选择一个马上需要你出席并做演讲的情境，将这里列出的问题作为模板，进行练习。

你的观众是谁？场景是什么样的？

____

____

____

你演讲的总体目标是什么？

____

____

____

你和大家沟通的主题是什么？

____

____

____

进行沟通时，你最大的顾虑是什么？

现在对听众来说什么最重要？

哪些因素会阻碍你传递信息？

令你的观众恐惧和担心的是什么？

你在乎的是什么？

他们在乎的是什么？

他们需要你做什么？

你需要他们做什么？

他们可以期待你做什么？

你号召他们去做什么？

你对此的承诺是什么？

使用什么样的比喻可以将你的信息传递给观众，从“像……”开始。

____

____

____

确定演讲的 3 个目的，根据目的向观众传递信息。你这 3 个目的针对的是观众的哪些想法和感受？

____

____

____

如果领导者认为“我是领导者我说了算”，就不能最大限度地发挥影响力。有效的影响力能够激励、激发和说服他人加入我们的旅程，而所有我们希望影响的人都会带着这样或那样的经历以及偏见加入我们，如果无法克服这些偏见，我们将无法更好地发挥领导力。

一个清晰而精确的意图加上深思熟虑的比喻，可以让你处于最具说服力和影响力的地位。

第十一章

引领变革的艺术

领导力是关于改变的力量，就是把人们从现在的位置领到需要他们去的位置。而让领导者进入未知领域的最好办法就是在想象中带领他们到达那个地方，让他们在现实中对那个地方产生向往。

——诺埃尔·蒂希

许多组织本身很复杂，引领变革似乎（而且常常）成为一个无法完成的任务。要成功领导变革，对以下两方面的理解至关重要，虽然两者都显而易见，但意思完全相反。第一，无论是对大自然，还是对生命而言，变化都是最根本的特征，一切都有开始、中间过程以及结束；第二，变化会有伤痛，我们都渴望得到稳定和可预测的发展。

这些事实提示我们，变化发生在 4 个层面。

- 个人层面——改变发生在个人的方法和心态上。
- 人际层面——改变发生在人际关系方面。
- 系统层面——改变发生在整个系统的不同群体之间。
- 社会层面——改变发生在组织所在的更大生态系统的社会关系中。

对领导者来说，最重要的是在决策和战略沟通中反思和处理每一个层面的变化。在这一章中，我将与大家分享几个例子，说明领导者如何进入文化领导者的角色，通过叙述为企业变革铺平道路。

通过叙述引领变革

文化领导者和意义创造者的第一任务是深入挖掘组织历史，寻找组织在引领变革、培养韧性、创新和提升领导力方面最有力的叙述，找到组织的故事。

当我开始成立领导者咨询集团公司时，很幸运地找到了哈佛大学工程学院技术与创业中心的创始人保罗·博蒂诺（Paul Bottino）先生。我们一起讨论了领导者如何利用故事的力量来指导组织内的创新，他对此的解释为后来“通过创造意义引领变革”提供了合理的叙事框架。

> 首先，领导者需要提醒组织成员，作为一个集体，大家共同的传统是什么，通过挖掘和分享过去的成功经历，让大家明确我们处在什么位置；我们是谁；我们以什么为外人所知；我们的愿景是什么；为了取得成功，我们必须克服哪些障碍。组织成员被吸引而进入故事，在故事中获得自我认同，因而开始庆祝自己最优秀的品质和取得的成绩。

现在，领导者必须发现并了解目前令人困惑的事情，这些事情发生于与客户联系的工作人员中。他们产生了什么变化或者经历了什么大事？别人向我们提出了什么问题？我们以什么为外人所知？

领导者必须收集、解释、综合、验证这些故事，这些故事应当包含生动的画面，让员工知道什么是可以做的，以及为了实现目标，必须克服哪些障碍。

下一步，领导者必须讲述创新未来的故事。未来我们想以什么为外人所知？我们当前的信念、态度和做事方式是否足以应对前进道路上的困难？为了迎接并战胜新挑战，我们必须具备哪些特征？这个故事与组织开始时的精神联系在一起，并为未来的成功建立了新的行为模式。

上述故事的结构遵循亚伯拉罕·林肯（Abraham Lincoln）在葛底斯堡的演说的结构，保罗将它做了创新，这你也能做到。[1]

快速采纳新的工作方式

我有位客户叫阿米尔·阿罗尼（Amir Arooni），他对组织变革管理很有热情。阿米尔是荷兰一家知名银行和保险公司 NN Group 的首席信息官。我从他的团队成员那里听说了这样一个故事，这个故事包含了具有影响力的、令人难忘的、能成功引导变革的工具。

阿米尔是一位具有高度反思能力并善于建立社会关系的领导者，他热衷于建设学习型组织，他知道自己不仅仅是战略领导者，更是文化领导者。对他来说，文化就是一切。他从一份报告中得知，机构当前基于筒仓的工作流程（瀑布式）应当转变为高度协作、透明的工作流程，他意识到自己需要找一种方法来促进变革。通过不断反思机构的情况，他终于意识到大家忙于比较新旧系统的差别，而没有努力学习如何充分利用新系统。就竞争优势而言，学习本身和成为学习型组织都非常重要，促进员工学习是管理者的一大核心能力。一个组织可以通过多种方式学习。

> 就竞争优势而言，促进员工学习是管理者的核心能力。
>
> ——阿米尔·阿罗尼

他想起他女儿学钢琴的经历。女儿通过铃木教学法（Suzuki method）[①] 学习弹钢琴，于是阿米尔意识到团队需要一个系统来指导大家学习，从而使大家更容易接受新平台。

阿米尔准备了演示文稿，向整个团队做了介绍。他就接纳及采用不同工作流程分享了自己的看法。他还就女儿学习钢琴的过程向大家分享了他的观点，并描绘了用学钢琴的方法指导大家学习的愿景。此外，阿米尔还分享了他对“自我超越”及其心理模式的看法。

铃木教学法基于语言习得规律，这种学习方法包括父母的责任、倾听、不断重复以及适时鼓励，这些会在孩子的学习和适应过程中产生一种积极循环。就机构引入新平台这件事而言，阿米尔认为管理者充当了父母的角色，他认为经理们可以和团队成员一起学习，可以在团队成员学习之前先学会一些东西，以便理解员工的期望。

管理者应当为团队成员创造愉快的学习环境，并在这一过程中

---

① 日本小提琴家铃木镇一开发推广的音乐教学法及教育哲学。——编者注

鼓励和指导他们。

孩子们在听别人说几百遍之后就学会了单词，学习钢琴也一样，每天听音乐非常重要，尤其是铃木剧目中的片段。在阿米尔新平台引入案例中，倾听意味着熟悉跨IT平台的新工作方式。对团队成员来说，这意味着要花时间从各种渠道了解新技术，包括网络研讨会、会谈和非正式聚会等。

孩子会跟着听到的词汇或音乐不断重复，直到发音或弹奏和原音完全一样。孩子们不会学到一个词或一段音乐后就将它丢弃，每次学习都会为下一次更复杂的学习打下基础。同样，团队成员需要深入变化中（新的IT平台和新的协作方式），就像孩子学说话一样，先学习基础词汇，然后逐渐学会用新的和更复杂的方式去使用它。

阿米尔的想法得到了经理们的认可，效果很好。为什么经理们会接受？我认为经理们需要一座桥梁帮助他们从旧有模式跨越到新工作方式、新思考方式和新联系方式中，而铃木教学法就是这个桥梁，因为它包含了下面这些关键部分。

- 阿米尔讲的故事具有个人魅力和吸引力，给每个人都留下了生动的印象，他抓住了大家的注意力，向大家展示自己的想法。
- 类比的故事是相关的、有意义的。它建立了一条清晰的、令人难忘的路径，并且对员工来说易于理解。

最后，铃木教学法作为整个组织的学习系统，有效地促进了公司新平台的采用。

对照你自己的经历

生活可以为我们提供丰富的信息，让我们在叙述时更有说服力。你知道如何做吗？你目前在组织中遇到的困难是什么？

____

____

____

审视自己的生活，这些问题的创新解决方案是什么？

____

____

____

为什么，如何做，是什么

《超级激励者》（*Start with Why*）一书的作者西蒙·斯涅克（Simon Sinek）说："人们不相信你做的事，但他们相信你为什么做。"

詹姆斯·帕克（James Parker）是鹿特丹伊拉斯谟大学管理学院的客座教授，也是帕尔马咨询集团的联合创始人。在我和他合作的一篇文章中，我们将首席执行官的角色与电影导演的角色进行了比较。我们研究了由弗朗西斯·福特·科波拉（Francis Ford

Coppola）执导、马龙·白兰度（Marlon Brando）主演的经典电影《教父》的制作过程，分析认为，领导者需要对其想要创造的东西有清晰的愿景，并需要以一种充满激情和具有说服力的方式与他人分享。

我们深信，管理复杂问题（在电影和商业领域）的秘诀在于深入理解愿景、战略和行动之间的联系，或者更简单地说，将“为什么”“如何做”和“是什么”结合起来。上述三者都是必要元素，平衡、整合三者才能创造出伟大的作品。

为什么

科波拉的第一个挑战是如何赢得演员的心，尤其是白兰度，这比他自己的电影艺术愿景还重要。白兰度关注边缘群体，他大部分时间都忙于诸如美国印第安人的权利等公益事业。《教父》描述了美国资本主义化的过程及其文化表现，其中有对权力问题深刻而广泛的思考，这深深吸引了白兰度，也是科波拉最终与白兰度合作的重要原因。

科波拉还必须在以下两种管理方式，即权威式强制管理和让团队发挥创造性以找到大家的集体愿景的管理之间找到平衡。

如何做

导演必须定义并传达实现这一愿景的战略。但这个过程究竟该如何进行，并没有一般性的规则，因为它取决于领导者的特点和团队的素质。为了有效工作，演员和剧组其他成员都需要明确电影拍摄的战略指导思想。

是什么

最后，导演必须设计每一个场景并充分利用演员的特点。每个导演都有自己的风格，一些导演对表演的各个方面都有很强的指导性，有的则给演员留更多自由空间来诠释角色。但演员和每一位剧组成员都必须知道行动的目标，正如我在文章中解释的那样。

> 事实上，决定把注意力放在这 3 个层次的哪个层次上，是甄别真正伟大的导演的关键所在，也是判断真正领导者的关键所在。像科波拉这样的导演，他对 3 个层面持综合态度，他似乎本能地知道在特定时刻应当采取何种行动以激发团队实现共同目标，其中的关键在于判断“是什么”，“是什么”直接影响“如何做”和“为什么”。或者说这是一个技术问题，演职人员完成任务的过程中，如果导演或领导者不断提醒大家“为什么”要这样做，那么过不了多久，团队就会对领导者感到厌倦。如果大家把注意力放在执行任务上，如果问题根源是导演对问题处于哪个层次存在误判，那么失败在所难免。鼓舞人心的导演会对每一层次做微调修正，以确保每个演员不仅知道自己必须做什么，也知道为什么要这样做以及如何做。随着项目的推进，这 3 个层次之间的平衡会发生变化。成功的领导者会不断观察团队的行为，并根据需要提供适当指导。

行动的愿景和战略

我管理哈佛商学院客户关系十多年，受邀参加过许多典型的商业案例，其中一个我喜欢的案例发生在斯堪的纳维亚航空公司总裁詹·卡尔森（Jan Carlzon）身上，他在《关键时刻》（*Moments of Truth*）一书中描述过这个案例。

作为一个领导者，你要有自己的愿景

卡尔森称得上是具有扭转情况能力的艺术家，这是他的天赋所在，也是他的个人使命，他重新定位了陷于困境的航空公司，并最终使其恢复盈利。首先，他有作为领导者的个人愿景。卡尔森做出了如下解释。

> 公司并没有要求我做所有决定，我要做的只是营造合适的氛围让大家更好地工作。我理解传统公司高管和新公司领导者之间的区别，前者要不断发号施令，后者要设定基调同时顾全大局。
>
> 我知道为什么我们的员工能全心全意地工作，我认为这是因为他们理解公司的目标和战略。
>
> 我和大家沟通过公司愿景，员工愿意为实现公司愿景而工作。
>
> 这样，我不再是一个孤立的领导者。相反，我成为一个有远见的人、一个战略家、一个沟通者、一个教师和一个鼓舞者。(2)

理解使命：你怎么做

使命是你所做的事情的关键，能否实现使命取决于个人或所在组织的天赋和能力。对于斯堪的纳维亚航空公司来说，它的使命很简单：航空运输人员及其财物。

清晰的愿景：你希望你的组织是谁，为谁服务，在什么时候服务

进入公司后，卡尔森向一位高管抛出一个简单的问题："你对公司的愿景是什么？"这位高管回答说："成为世界上最好的航空公司。"

卡尔森认为这个回答"就像是要消除世界饥饿现象"一样，使命高尚，但不够具体。由于使命本身不可实现，因此无法为其制定策略。

他转而又问："你什么时候会呈现最好的自己？你觉得什么时候最有目标感，感觉自己最满意、最充实？"

这位高管回答说："为经常出差的商务人士服务时，和我们认识的人、与我们建立关系的人一起短途旅行时。"

"太好了，那我们可以把愿景和公司的优势结合起来，即为了成为世界上最好的航空公司，为经常出差的商务人士提供服务。"这样，对这位高管和组织中的每个人来说，这一愿景有了深刻的意义和使命感。

制定策略：你将如何实现愿景

一旦创造了一个具体的愿景，卡尔森就可以更深入地寻求实现

途径了。

卡尔森意识到，乘客接触一线工作人员的第一个 15 秒决定了公司在客户心中的印象，一线人员包括机票代理、空乘等。这 15 秒就是卡尔森所说的“关键时刻”。

> 如果我们真心致力于服务好每位客户，关心他们的个人需求，那么我们就不能依赖办公室的规则、手册和指示来办事，我们必须对短短 15 秒内公司人员的想法、决定和行动负责，比如票务员、空乘、行李处理人员和所有其他一线员工。如果一线员工对客户提出的每个问题都上报等决定，那么这 15 秒的黄金时间将在无应答状态下飞逝，我们将失去赢得忠实客户的机会。[3]

指导行动：使执行有意义

卡尔森和他的团队一起确定了 5 个指导组织行动的战略优先事项，这里选择其中两个介绍给你。

战略 1：推动决策制定

首先是推动决策制定。“15 秒”很重要，如果商务人士遇到问题时需要代理人先填表格，然后发送给中层管理人员，3 周后做出决定，这种做法显然没有成效。这样做，乘客会因不满意而选择其他航空公司。

所以，公司应当把决策权交给代理人，这样，他们才能在现场回应乘客的各种问题。这样做有两个好处：第一，可以留住乘客，并提高他们对公司的忠诚度；第二，它将为代理人创造一种意义感和目标感，有权做决定有助于员工更好地将自己视为公司的“主人翁”。与“公司有伟大的使命，我只是一个无名小卒”的感觉相比，“作为一名代理人，我有权帮助乘客获得更好的飞行体验”的感觉显然更有利于建立一种良性循环。

战略 2：利用高效的区域喷气式飞机

实现公司愿景的第二个重要战略是利用高效的区域喷气式飞机。卡尔森注意到，团队成员不愿意出售公司的四架跨大西洋飞机。他想要团队重新考虑这个决定。

就像戏剧或电影导演那样，卡尔森设计或“导演”了一个场景，他和团队成员站在玻璃窗前，看着四架闪闪发光的飞机，他开始赞赏这些飞机，说它们非常漂亮。团队成员回答说：“是啊，它们是我们机组的骄傲。”然后他漫不经心地问大家，这些漂亮的飞机得花多少钱。团队成员给出了非常高昂的价格。然后他问大家飞机在使用吗？答案是不在使用。大家停顿了一下，考虑到团队的愿景和战略，意识到这四架飞机需要出售。

卡尔森不必非得做个“坏人”，下令出售这些飞机，他和团队已经建立了清晰的愿景和战略，他只需要把大家带回共同的愿景中，和大家就“为什么”保持联结，即可达到目标。

现在轮到你了

请使用以下练习制定你的愿景和战略，并将其传达给主要利益相关者。

练习一　制定你的愿景和战略

首先要阐明组织的使命、目的、愿景和战略。回答以下模板中的问题。

使命

- 用通俗易懂的话准确地解释你的工作，包括最基本的工作内容，比如你提供的服务和产品。

目的

- 为什么要做这个工作？
- 为什么你所做的工作很重要、有意义？
- 为什么你的工作对客户很重要、有意义？
- 为什么你的工作对社会很重要、有意义？

愿景

- 你想成为谁？你的目标是什么？
- 你的目标客户是哪些？
- 为了实现目标，你该如何规划时间？

策略

- 你将如何实现愿景？
- 你的战略目标中需要优先完成的 3 ~ 5 项任务是什么？

练习二　向主要利益相关者传达你的愿景和战略

如何向主要利益相关者传达你的愿景和战略？答案是确保你在组织中采取的所有行动都是战略性的，都有意义。为了做到这一点，你必须首先使用图 11–1 所示的共情图来尽可能具体地阐明自己的使命和目标。

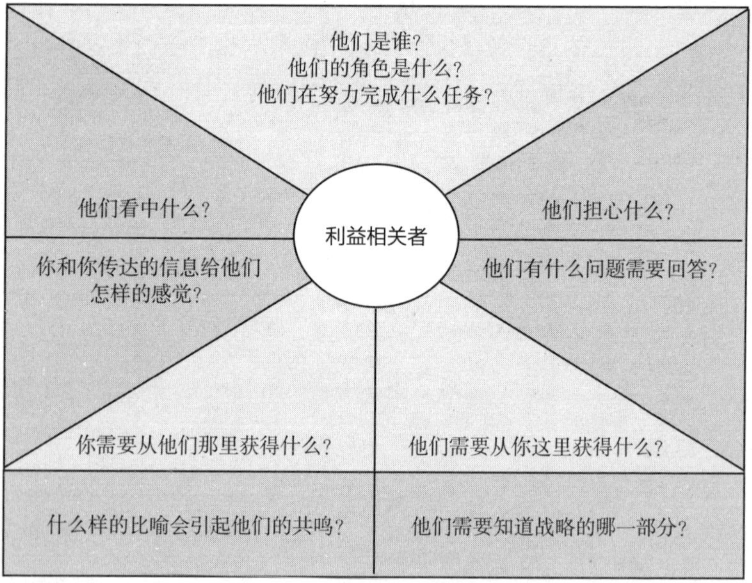

图 11–1　利益相关者共情图

思考准备传达的信息，确定利益相关者群体具体有哪些，回答图 11-1 中的问题。典型的利益相关者包括员工、客户、股东和更广泛的社会群体。

现在，使用本章开头的叙述框架来完善你的信息。

当时（过去）

- 我们是谁？
- 什么对我们很重要？
- 我们因什么为外人所知？

现在

- 我们现在是谁？
- 发生了什么？
- 产生了什么变化？
- 这对我们有何影响？
- 现在什么对我们重要？

下一步（未来）

- 我们要去哪里，为什么？
- 这一未来鼓舞人心之处是什么？
- 我们面临哪些挑战？
- 我们需要成为谁？我们需要学习什么来迎接这些挑战？
- 我为什么要走向下一步？
- 我们为什么要承诺去那里？

最后，使用以下提示语作为开始。

主要信息：我们为什么会在这里？

思考你将如何与观众见面，如何确定他们的想法和感受，如何结合他们重视的东西来和他们保持联结。

结合已经完成的工作来组织你的叙述内容。尝试可能采用的叙事框架：使用过去时、现在时、未来时框架，描绘一个有抱负的愿景；使用“自己的故事”“我们的故事”和“现在的故事”框架，围绕特定问题激发受众。

创建一个有意义的比喻。从“我们就像……”开始。

通过回答“为什么”确定你呼吁的行动有哪些。

____

____

____

本章介绍了几种有效的叙事形式，它们能让你做出有意义的行动计划。这些叙事形式提示我们：一个故事、演示或一种方法不可能适用所有情况，我们必须关注眼前的问题，具体问题具体分析。

第十二章

伟大的演讲艺术

一个好的演讲就像一支铅笔，要有尖锐的部分。

——佚名

作为领导者，公众演讲是一项重要的工作。人们期望领导者自信，希望他们是有能力的公众演说家。但这种情况出现的可能性有多大？数不清多少次，我们看到领导者在台上讲得了无生趣，领导者是不是高估了自己的能力？他们难道不知道自己会给听众带来影响吗？他们难道不知道应该花时间准备和排练吗？

这一章，我将与大家分享我在观众面前最难忘的一刻，以及一些我最喜欢的个人辅导案例，这些案例讲的都是高度可视化的重要演讲。从这些故事中，我们将掌握准备工作和演讲过程中的关键原则与练习方法，这些你都可以立即加以实践。

作为一名表演艺术家，我学会了如何与观众建立一种开放和真实的联结。我当时演出的目的就是让观众在 1 小时内忘掉他们日常的烦恼，找到放飞自我的感觉。我的策略是让观众参与演出，他们不仅是付费的观众，更是表演不可或缺的一部分，我们一起演出。

回炉再造

1999 年 10 月，我在波士顿大学工作。那段时间正是我从全职演员向商界培训师过渡的时期。当时我的工作是为情感障碍者提供康复咨询和职业指导。那时，我获得了工商管理硕士学位，也在校园内开设商业培训课，周末偶尔去演出，因此，我大部分工作都是坐在椅子上说话。这对曾经的全职演员来说是一个巨大的转变。

有一天，我接到老朋友托尼的电话，他说他正在为一个 2500 人的大公司组织假日演出活动，客户认为用走钢丝表演开场比较有意思。他问我："这不就是你的专长，对吗？"

我停顿了一下，接受了他的邀请，回答说："是啊，没错！"

"太好了！"他说，"你有兴趣吗？"

我感觉时间忽然停滞了，我的内心在激烈地对话。一方面，我不再从事走钢丝表演已经快 5 年了，我对自己说："你疯了吗？"而另一方面，我极度怀念在观众面前表演时那种兴奋和活力。我在心里说："我知道怎么做，我能做到。"我几乎没什么犹豫就答应道："好！"

他说："太好了！你要收多少钱？"

这是最困难的地方，我不得不抬高价格，使价格对得起我的表演，如果他们拒绝，我也不会感觉失望，或许还能松口气！托尼说："那可是一大笔钱，我问问客户吧，明天回话。"

第二天，托尼打电话说客户接受了我的报价。那一刻，我感到一阵兴奋，同时也感觉额头上在冒汗。我接受的任务并不容易，而且只有 2 个月的时间去准备，也就是整整 8 周。我知道自己需要做什么。我立即制订了行动计划，我一星期抽 2 天时间在健身房做大量提腿练习，拿出另外 2 天练习走钢丝，我到剧院的一个房间练习，那里有专门用来装钢丝的钉子。那是我第一次学习表演的地方，在那里我感觉很踏实。

4 周后，我意识到自己遇到了麻烦。我的腿越来越强壮，钢丝较低时还好，但到 7 英尺的高度时，我就再无法保持平衡，我失去了信心。我坐下来休息了一会儿，想办法把练习做完。事已至此，我无法选择退出。

几分钟后，我知道自己该怎么办了，我需要帮助。我给纽约州北部联合学院的老朋友比尔·芬利打电话，告诉他我的困境。他笑着说我应该马上收拾东西到他那里，他还对我说："别担心，没问题的！"他的话立刻给我一种解脱感，也让我找回了信心。我马上收拾东西，驱车 4 小时到萨拉托加矿泉城，准备在那里度过周末。

我一到达就架起钢丝开始练习。比尔给予了我所需要的指导和激励。第一天，他帮我打牢了基础。和他再次合作的感觉真好。第二天，他引导我找回了平衡和自信，我又找到了曾经在钢丝上的那种自由感。我精力充沛，创造力开始在周身流动。我们集思广益，想出了各种各样的招式，最后，我们把常规动作融入 5 次走钢丝训练中，每一次都增加一些复杂性和难度，但都在我的舒适范围内。

然后他重申最重要的原则，这个原则与技巧无关，但与观众有关。你希望这场演出怎样进行？你想让观众有什么样的感受？你想让他们在演出中做什么？我们一致认为，最好的方法最直接，这次演出要激发和唤醒观众。我们一起构思了一个法国厨师的角色，这个厨师将与观众互动，并通过钢丝来展现他的烹饪技艺。

3 天过得很快。当我开车回家时，我对自己的能力和行动计划充满信心。

表演那天晚上，我站在组装好的钢丝旁，从天花板上照射下来的光照在钢丝上，让钢丝闪闪发光。观众们已经吃完饭，现场噪声逐渐大了起来。作为开场表演，我既焦虑又兴奋。

表演前几分钟，我忽然感到一阵恐惧。我竟然面色土灰，出了一身冷汗。这可不太好，我甚至在想自己从钢丝上摔下来的场景。幸好比尔和我练习过防止类似事情发生的技巧。我马上深吸了一口气，抖落内心的恐惧，然后又吸了一口气，想象自己稳稳当当地站在钢丝上，高高在上。血色又回到了我的脸上，我重新找回了目标感。托尼把我隆重地介绍给观众，观众们欢呼着，我走上了舞台。

我只能说，这是我职业生涯中最棒，也是我最喜欢的一次演出。我觉得自己的表演很踏实，很有趣，我完全和观众建立了联结。他们喜欢我法国厨师的角色。演出结束后，我用精心策划的动作走下钢丝，双臂伸向欢呼雀跃和鼓掌的观众。然后我又走回开始表演的地方，再次面对观众，深呼吸，结束了这场表演。

当我回顾这件事时，它依然能带给我成就感。这是我演艺生涯中最想要的东西，从中学到的经验和教训我将终生铭记。

表演本身只有 10 分钟，但我花了 80 多小时来准备它。是的，那是一座需要攀登的高山，走钢丝这样的特殊节目需要长时间的准备。以下是我的收获。

- 有目标感。
- 知道你为什么这么做。
- 精心设计一个计划并坚持执行。
- 有纪律、经验、创造力，谦虚谨慎。
- 知道何时寻求帮助。
- 培养韧性，并对意外情绪有应对方案。
- 呼吸。
- 对你想做的事情有一个远大的愿景，并把它归结为一些重要的、可实现的事情，同时不失去兴奋的感觉。
- 周围都是你的观众。
- 在活动中找到自由。

准备、承诺、领导

去年秋天，我有幸认识了达里尔·费斯（Darryl Fess），并为他做培训指导。他是波士顿地区一家叫布鲁克林银行社区支行的总裁，正在准备向500名信贷风险官发表主题演讲。这是他做的最有意义的演讲，他想把它讲好，但他不知道需要花多少时间、付出多少努力、做多少准备、进行多少排练、做多少承诺。

达里尔从来没有参加过类似培训，他非常谨慎。最初通电话时，我问他这次活动的情况，演讲目标是什么，以及他为什么接受邀请，他说，这是他担任总裁的第一年，在银行界展示一下自己非常重要。

距离演讲还有 6 个星期，在了解了达里尔的情况之后，我制订了一个计划，我有信心让达里尔实现他的目标，他接受了整个计划。然后我们进入了工作状态。我们一共见了 5 次面，至少打了 6 次电话。教练内容包括他演讲的所有流程、开场白，以及他想要提及的一些关键概念。我们做了各种练习来增强他身体和声音的灵活性，他选择了一段电影独白，练习后表演给我。我还让他和我分享他最近的个人经历，用来练习直接叙述故事的技巧。

不得不说，在整个过程中，达里尔表现出了开放、配合、坚定的特质，我用多种方式激励他走出自己身体和声音的舒适区，他努力做到了。我还鼓励他向观众敞开心扉、让自己全然临在，并展示自己的脆弱，他也努力做到了。我不遗余力地让他使用感官细节、肢体语言、个人感受，来使自己的故事栩栩如生，他同样做到了。

培训进行了 3 周，我们渐入佳境。我重新调整了他的开场白，使之更简洁流畅。他的开场白是这样的。

> 感谢主办方邀请我在管理协会会议上做主旨发言。特别要感谢我的同事，他们给了我这个机会，让我代表社区银行讲话，感谢银行的许多员工，他们一直在为这次活动做准备。

但我还有些不满意，我抬起头看着达里尔，说："达里尔，能不能修改一下开场白，现在这个版本平淡无味，对观众没有吸引力。用你的故事作开场白如何？”他回过头来看了看我，一句话也没说。显然他不太赞同这个建议，他花了很多时间来记住这个开场白，现在我又想让他修改？

我认为他需要一些东西来吸引观众的注意力。想在演讲一开始就抓住观众的心，没有比讲故事更好的方法了。他无力反抗，他知道我说的是正确的，他也知道自己需要接受挑战，跨过这道坎。于是他开始一遍遍地向妻子和孩子们讲述他的故事，向同事和雇员讲述他的故事，甚至预定了公司对面剧院的舞台，给员工一遍一遍讲故事。他还寻求大家的支持，要求大家提出反馈意见。做到这些真的不容易，后来我们发现，他的故事对后面的演讲内容有着完美的引导作用，故事中蕴含的清晰明确的观点与后面的主题息息相关。

故事描述了他最近和妻子去纳什维尔进行商务旅行的经历。大奥普里剧院一场音乐会结束后，他们想回位于市中心的酒店，没想到街上人头涌动，于是他们决定去一家意大利餐厅吃饭。到了餐厅后，餐厅环境灰暗，自动点唱机传出摇滚音乐，红色的展台用胶带覆盖着，谁也没想到情况会是这样的，而且餐厅到处都是人，他们感觉非常糟糕。由于害怕点错餐影响口味，他们决定点比萨饼，但比萨饼的味道也很糟。达里尔讲述道：“比萨饼不好吃，但我们吃了，还好我们没有生病。这是一个可以接受的风险，这也是我今晚想和你谈的，社区银行的业务就是评估可接受的风险。”棒！点题！

他的演讲还有另外几个关键要素值得注意。

- **从讲台后面走出来，站到前面。**我不希望达里尔站在讲台后面做演讲。这是一个45分钟的演讲，听众很难记住全部内容。于是我建议他把稿子放在乐谱架上。
- **使用道具进行练习。**排练的时候，我看到达里尔既要拿乐谱架，还要拿活页夹，看起来很忙乱。我曾经在新型杂技剧院演出，演出时经常要协调好道具。所以，我们排练了如何入场，如何将两件东西搬上舞台，如何将架子放在地上，以及如何将活页夹放在架子上，然后打开活页夹。
- **在开始演讲前稍作停顿。**对他来说，说话前停顿一下非常重要。他看着观众，深吸一口气。这种时机感向观众传达了信心。正如马克·吐温说过的："正确用词可能很有效，但没有一个词比正确的停顿更有效。"
- **从讲故事开始。**他说的第一句话是："3个星期前，我和妻子从纳什维尔市中心的一辆出租车上下来。"他步入了正轨。
- **说话大声。**达里尔说话声音小，比较温和。我们想确保他能意识到自己的说话声音。有重要的话要说，就必须确保房间里所有人都能听到。达里尔后来告诉我，当他把乐谱架抬上舞台时，观众立刻就被吸引了。他有位同事是音乐家，他说开场的那一刻很有趣。而且，达里尔的故事很有说服力，为整个演讲确定了基调。

- **让听众参与进来。**达里尔最初准备的演讲和许多主旨演讲一样，是一种单向交流。在日常工作中，我们很少看到演讲者让听众真正参与到报告中或引导听众积极思考。我鼓励达里尔考虑如何能让听众在他介绍关键话题时同他一起思考。经过讨论，我们有了想法，他可以在报告中向观众展示关于“技术对业务的影响”的案例研究，然后邀请观众担任评委，对关键性决策做出评估，他很喜欢这个主意。事实上，与观众互动非常不容易。下面是我指导达里尔的工作步骤，供你参考。

  ① 以一种清晰而简明的方式安排将要做的事情。

  ② 描述希望观众扮演的角色。

  ③ 概括描述案例研究及决策。

  ④ 邀请观众转向邻座，讨论决策。

  ⑤ 邀请观众分享他们的见解和发现。

从开始准备到完成演讲，这一系列流程需要反复调整。在最后确定脚本、演讲流程和演讲方式前，达里尔和很多人讨论过、尝试过，这样做很有效，他不仅很好地提出了概念，而且是在人们注意力不集中、有点不耐烦的时候提出的，这个互动让他的演讲更生动活泼。

在报告结束后的一周，达里尔收到了很多人的正向反馈，这大大增强了他的信心。

接下来的一周，达里尔在一个招待会上做简短的非正式介绍。前一年，在同样的招待会上，他还不知道要为介绍做准备，他当时很想引起人们的注意，但当大家注意到他的时候，他的演讲已经结束了。

这一次，他决定好好介绍。他走到房间中央，深吸了几口气，耐心地等待，直到整个房间安静下来，大家把注意力集中在他身上，然后他开始发表演讲。他自信地举起双臂，确保声音缓慢、响亮、清晰，使房间里的每个人都能听到他说话。会议结束后，他再次收到了非常正面的反馈。

在字里行间做领导者

你有过拿别人写好的稿子做演讲的经历吗？你可能有机会增加一些内容，但是脚本已经完成，你需要做的就是照着念。这样的演讲你觉得有趣吗？

几年前，我乘飞机去瑞士蒙特勒，为一家大型饮料公司的首席执行官及其顶级团队做教练，他们要在市政厅发表年度演讲。我还记得，我到达的时候遇到了一个有趣的人，他的名字叫阿鲁什，我一下子就喜欢上了他。他笑得很特别，幽默感十足，也很有趣。

那天下午，我坐在会议室观看 10 个演讲者预演，每个演讲者都有 10 ~ 15 分钟的时间得到我的指导和帮助。我刚要坐下，有人问我阿鲁什是不是该上场了。我回答说："是啊。"他眨了一下眼睛，对我说："祝你好运！"

阿鲁什走上讲台，他站在讲台后面，用安静的声音逐字朗读他的演讲稿，自始至终，他的眼睛都没有从讲稿上挪开，甚至前排观众都看不清他的幻灯片。我知道改变阿鲁什将是一个艰难的过程。

过了一会儿，阿鲁什来到我执教的房间，我们热情地互相打招呼。他坐下来后，我对他说："阿鲁什，我看了你的演讲，你的幻灯片看起来棒极了，虽然我什么也看不清，不过颜色很好。"他笑了起来。

然后我问他："你想让观众听完你的报告后有什么想法？"（他的演讲是提议在东欧建一家装瓶厂。）他用愉快的印度口音说："这是可行的！"

"太好了，"我说，"你读完讲稿的前几行后，要稍作停顿，把眼睛从讲稿上挪开，盯着某位观众，直视这个人的眼睛，说：'我想让你知道这是可行的。'你能做到吗？"

他说："行啊，当然了。"

我建议他在演讲中再重复几次这句话，每次以不同的方式说出来。他笑了，我俩握了握手，指导就这样结束了。

第二天，我站在礼堂后面看大家演讲，轮到阿鲁什了，他走上讲台，我马上提起了兴趣，期待他的表现。他开始读第一段，然后抬起头，用柔和的声音说："这是可行的。"

这和我们计划得完全不一样，我几乎瘫倒在地，当时我发出的叹息声估计大家都听见了。过了一会儿，阿鲁什振作精神说："现在，站在会议室后面的教练想让我像罗伯特·德尼罗（Robert De Niro）一样说这句话：'这是可行的！'"

"不过我想这样说……"然后他用方言重复了那句话。

演讲快结束时，他兴致勃勃地说："我真正想让你知道的是，这是可行的。"大家都笑了。他与听众建立了坚实的联结。然后他以有趣的方式又把这句话重复了几次。而最令我惊喜的是，他带着四人合唱团走上舞台，说："该怎么做，朋友们？"他们排着队回答说："这是可行的。"

如果你的讲稿也是预先写好的，请注意以下问题。

- **明确讲话要点。**比如你想让观众记住什么？
- **与观众建立联结。**偶尔要停下来，直视某个观众，让他知道你想让他记住什么。
- **表现你的个性。**阿鲁什是个聪明有趣的人，只要得到许可，他就能表现出个性。

演讲是你不断尝试提高自己的方式

有研究表明，人们对公开演讲的恐惧甚至大于对死亡的恐惧。在任何一个群体面前，无论是认识的还是不认识的，我们都会感觉似乎有许多毁灭性的想法和情绪潜伏在周围。

> 当我们站在一群人面前时，因为害怕被拒绝，我们会大汗淋漓。在内心深处，我们如此恐惧，我们不仅害怕尴尬或被别人说三道四，更害怕被社会或团体排斥、拒绝，甚至感觉这比死亡更可怕，因为不久前被踢出小团体的经历让我感觉就像被判了死刑一样痛苦。[1]

其实，这种感觉就是我在表演前几分钟所经历的，各种负面的视觉图像进入我的脑海，引发我生理上的恐惧体验。但我们可以为这些时刻做好准备，预测可能出现的问题，训练我们的大脑和身体，对此做出积极的反应。而且，正如我所经历的，我们能很快重新集结力量，做出卓越的表现。

我建议你将所有演讲或报告，无论大小，都看作淬火考验，把公开演讲看作进入最佳自我的机会。每一次的成功都将建立在上一次成功的基础上。使用本书提供的工具，做好准备，不仅要深入了解你想交流的“是什么”，而且明白“为什么”，然后想想“为什么”它对你的听众重要。给你的听众一些思考、体验和行动的空间。

在做任何演讲之前，一定要早点到会场，弄清楚技术细节，熟悉场地空间，练习如何入场，排练如何步入舞台、如何面对观众，以及如何表现出积极和热情。记住，你的观众希望你成功。如果你成功了，那么他们听你说话所花的时间就没有浪费，他们会以热烈的掌声回报你。

奥普拉·温弗瑞的获奖感言

我想给你讲一个由勇气、信念和谦逊组成的故事。奥普拉·温弗瑞（Oprah Winfrey）在2018年金球奖颁奖大会上获得“终身成就奖”，她的获奖感言从一个故事开始。

> 1964年，我还是个小女孩，我坐在密尔沃基母亲家的油毡地板上，看着安妮·班克罗夫特在第36届奥斯卡颁奖典礼上颁发奥斯卡最佳男主角奖。她打开信封，说了10个字，那10个字创造了历史："获奖者是西德尼·波蒂埃。"舞台上出现了我见过的最优雅的男人，他皮肤黝黑、打着白色领带。我从来没有见过人们如此祝贺一个黑人。我很多次试图解释这样的时刻对一个小女孩、一个坐在廉价椅子上看着刚刚为别人家做了保洁的妈妈精疲力竭地回来的小女孩来说意味着什么。
>
> 但这不仅仅是一个影响娱乐业的故事，它超越了文化、地域、种族、政治和工作场所。所以今晚我想对所有遭受多年伤害和屈辱的女性表示感谢，因为她们和我的母亲一样，有孩子要抚养，有账单要支付，有梦想要追求。也许我们永远都不知道她们的名字，她们是家政服务人员、农场工人，她们在工厂，在餐馆，在学术界、工程界、医学界和科学界，她们是科技、政治和商界的组成部分。她们是奥运会上的运动员，是军人。[2]

在短小精悍的演讲中，奥普拉·温弗瑞全然临在。她坦诚、全神贯注；她的声音有力且透着自信，非常动人；她的节奏优美，她不仅为自己说话，更为所有人说话。她的故事就是我们的故事。

第十三章

创建学习型组织的艺术

学习型组织是一个人们不断增强能力以创造他们真正想要的结果的地方。在那里，他们培养了新的、广泛的思维模式；在那里，集体的愿望被释放；在那里，人们不断探索如何一起学习。

——彼得·圣吉（Peter Senge）

如果你希望创建更健康、更高效的团队和组织，那么在工作领域之外寻找新想法、新措施、新办法至关重要，这些有助于你实现目标。

在最后一章，我将向大家介绍几类工具，用来培养团队和组织内的学习文化。

合奏心态

乐队是一种鼓舞人心的学习型组织的典范。合奏本身具有特点，让我们就学习对个人、团队和组织的作用有了全新的思考。合奏是一种表演方式，合奏的目的是让所有演员协同工作，实现统一效果，而不是强调某个人的表演技艺。乐队成员会培养一种相互联结的感觉，个体能够感觉到比自己更伟大的事物的存在，理解自己只是其中的一部分。

我敢说，这其实与许多领导者描述的学习型组织并没有什么不同。下面我们来看看一个叫“旅行玩家”（Traveling Players）的剧团如何谈论合奏心态。

> 从本质上看，合奏优先考虑的是整体的成功，而不是个人的成功。这与艺术表演运作方式形成了鲜明的对比：合奏不希望看到最有才华的演员表演了最佳部分，合奏要重视每个乐队成员的贡献。[1]

组织往往喜欢招聘和提携最优秀的人才，这看起来似乎很有道理。然而，在本章后面介绍的谷歌开展的研究中，我们将看到，拥有最优秀人才的团队并非都能获得最好的结果。在这里，如旅行玩家所讨论的，合奏心态开始发挥作用。

> （乐队成员）对更大的群体负责，而不是优先考虑自己，这就要求每位乐队成员能够从整体中得到自己需要的。如果每个成员都能专注于合奏，互相帮助支持、彼此鼓励、相互挑战，那么，当问题出现时，成员就有足够的信任、善意和信心来维持自身的发展……在这种环境下，表演者个人就可以承担更大的风险，体验更快的成长，因为他们知道，当自己跌倒时，其他成员会扶他们一把。[2]

许多领导者都渴望建立尊重、互助和有目标感的团队，我们看到，在乐队中，个人目标需要和团体目标保持一致。如果团队中每个人都有这种一致感，并且能够感觉到团队其他人也都有这样的一致感，那么善意就会在成员中蓬勃发展，团队会随之取得巨大的成绩。

合奏乐队网络是乐队模拟的组织结构，它有一套总体原则做指导，如领导力共享、相互提供力量、共享资源、创建论坛解决争议、记录剧团传统、记录完成的工作等。

以下是乐队组织的价值观。

- 两个或更多人协作，实现一个共同目标。
- 公平、包容，倾听所有声音，平等对待所有贡献。
- 透明、诚实、开放地沟通，不隐藏。
- 卓越，在每一次互动和表演中展现最好的自我。
- 尊重他人的品质和能力。
- 积极参与、全神贯注、专注、承诺。
- 知识建设：慷慨，分享想法、见解和经验。[3]

审视上述价值观，你认为是否适用于学习型文化组织呢？这些你都赞同吗？如何将这些价值观应用到你的团队或组织中呢？

许多管理者和领导者感觉决策过程比较艰难。如果一个组织内管理层级比较多，那么领导者就很难从自上而下的命令控制型领导模式转变为更具包容性、扁平的领导模式，这种转变需要我们从内部心态、角色和身份等方面入手，本书第六章曾提到埃米尼亚·伊贝拉的个人成长概念，我们发现那种内在变化是个人经历促成的，这种变化很难说是如何发生的，它需要有意识的、深思熟虑的行动，而行动本身也是学习和领导的过程。因此，这是有意识的行动和最后结果之间的关系。我们来看看这种方法如何释放团队中最好的集体自我。

是团队还是工作小组

学习型文化的建立始于组织高层，高层管理人员首先必须参与建立功能强大的团队，管理者要知道组织愿景和战略的重要性，要有目的地和员工沟通组织愿景和战略，鼓舞员工为实现愿景而努力。这样，学习型文化才能在组织内有序地传播。

创建功能强大的团队的关键在于理解成员间建立联结的重要性。工作小组是各自从不同角度贡献其专业知识的一群人组成的团队，而团队是一个拥有共同目标并致力于实现共同目标的个体的集合。

你领导什么

你领导什么？这是我向许多客户提出的一个重要问题。对任务驱动型工作者来说，他可能在领导大家执行任务；如果你渴望创建学习型组织，那么你领导的可能就是组织的学习任务。

领导组织的学习任务，这在实践中如何操作呢？在最近一篇名为“谷歌花 2 年时间研究了 180 个团队，发现最成功的团队拥有这 5 个特点”的文章中，迈克尔·施耐德（Michael Schneider）重点介绍了谷歌被称为“亚里士多德计划”的团队。具体来说，谷歌这项研究想回答“为什么有些团队表现出色，而有些团队表现不佳”的问题。

> 两年多来，谷歌研究了 180 个团队，进行了 200 多次访谈，分析了 250 多个不同团队的属性。令人失望的是，它们没有找到“梦之队”明确的共同特征。
>
> 进行这项研究前……谷歌高管们一致认为，组建最好的团队就是将最优秀的人组合在一起，这听起来当然有道理，最好的工程师加工商管理硕士、博士，这不就什么都有了嘛！完美！结果是这样的吗？用谷歌人事分析经理茱莉娅·罗佐夫斯基的话来说就是“我们完全搞错了”。[4]

在研究了著名心理学家和社会学家关于团队规范、协作和集体智慧的文献后，谷歌的团队意识到，最好的团队并不总是由超级明星组成的。研究认为，团队成员的多样性才是创建伟大团队的关键所在，团队需要配备一系列工具来解决棘手的问题，从而优化结果。

然而有人指出，单靠多样性并不能解决问题。衡量团队是否高效最重要的指标是每个成员在团队中的感受，因为正是这种集体精神鼓舞着团队成员贡献自己的智慧和努力。

该研究显示，表现最好的团队具有以下 5 个关键特征。

- **可靠性**。团队成员按时完成工作并达到预期。
- **结构和清晰度**。高绩效团队有明确的目标，成员在团队中有明确的角色。
- **意义**。这项工作对每个成员都有意义。
- **影响**。团队成员认为工作有目标，认为他们会在更大层面上产生积极影响。
- **心理安全**。团队成员都认为承担风险、发表意见和提出问题是安全的。

读完这篇文章后，我有两个观点：第一，谷歌高效的团队与高效的乐队具有相似的特征；第二，这些特征不足为奇。多年来，世界上那些优秀的机构也都认可、重视和实践着这些特征；不同的是，谷歌在许多领域都有影响力。当我读到这篇文章时，我立刻发现它适用于我在麻省理工学院服务的一些团队以及我的其他客户。

我服务过一个机构客户，那是波士顿一家非营利组织。我们合作的重点是在该组织中创建学习型文化。我把谷歌的文章推荐给该组织的主管，希望他使用这一工具让组织成员参与进来，将这个概念付诸实践。

我们不仅要把这篇文章交给团队阅读，还要将其与教学设计原则相结合，设计练习来吸引团队成员，并促进大家学习。这个过程包括 5 个维度，每个维度都有长达一页的评分表。高管团队成员应遵循以下流程。

（1）把谷歌的文章发给团队成员，请他们在下次团队会议前阅读。

（2）在下一次会议上展开讨论，小组可以就提高团队效率的5个维度进行讨论。

（3）发放评分表。要求每个成员从个人的角度对自己和团队的5个维度进行评分。

（4）要求每个成员报告自己的评分结果，并向其他团队成员解释每个维度评分的根据。

（5）要求团队从每个维度为团队表现评分。

（6）要求团队查看得分最低的维度，让团队讨论如何通过共同努力提高得分。由团队共同决定它们需要多长时间实现这一目标。

（7）在下一次周会上，花15分钟的时间检查团队围绕所选维度采取的行动。

通过这个练习，我们有如下发现。

- 团队成员喜欢这样的互动和对话。
- 团队成员认为讨论提高了成员参与度，产生了积极的体验。
- 谈话促进了团队成员之间的尊重、赞赏和合作。
- 讨论本身就是一种学习活动。创建学习型组织意味着要组织这些类型的活动。

- 成员感谢整个过程由团队引领，而不是由主管控制。
- 成员感谢主管为这些讨论带来了能量，并给他们时间进行讨论。

学习重点

这种模型和流程虽然简单，但为团队提供了至少半年的核心学习内容，它要求机构高层参与。

高层管理人员要指导团队成员完成整个过程。团队领导者必须保持活力，一旦开始就要把精力集中在活动上，使每个成员担负起责任，鼓励正确的行为、认可具体的努力、祝贺团队的进步，并公开认可成员的成功。

若没有高管的支持，员工很可能不参加该活动。

由于日常工作还在继续，这种类型的活动很可能在短时间内失去动力，因此，大家要提醒彼此关注组织的愿景和结果，让自己和同事在整个活动过程中保持活力，这些非常重要。

行动后回顾

正如上面的故事所讨论的，坚持学习的一个关键因素是保持一种心态，不断尝试、重复，直到掌握。个人和团队在学习过程中需要得到指导。

行动后回顾（或汇报）是学习型组织的核心活动内容。从个人层面看，事后回顾可以创建持续的学习过程，可以有效取代或强化年度绩效管理过程；在团队层面，这是一个让团队交流、分享和改进的好方法。建议在每项工作结束时或指定时间段进行此过程。如果与其他团队合作，则要让每个人都有机会分享自己对每个步骤的想法。

我们使用第四章“从潜在诉讼到600万美元的支票”的案例作为参考。

反思与讨论

从团队成员的经验开始，挖掘关键时刻和决策点。

- 我们的最终目标是什么？

  准时启动平台并将成本控制在预算内。

- 我们是否实现了目标？

  没有，暂时推迟了6个月。

- 重要时刻有哪些？

  与客户进行真实的交谈。

- 在这些时刻你看到、听到和感受到了什么？

  放松、兴奋和满足。

识别行为模式。

- 我们采取了哪些有效行动？

  自省，周密地计划，坦诚地交流。

- 哪些行动不起作用？

  项目早期我们闭门造车，责怪彼此。

- 我们的战略有效性体现在哪里？无效性体现在哪里？

  我们与客户进行了真实的交流，并取得了成功。我们能够和客户彼此理解，也能调整团队。

- 了解所有情况后，我们怎样做才能有所改进？

  尽早建立开放的沟通渠道，注意破坏性声音，团结各方，在一致性的基础上讨论问题。

探索核心价值观和动机。

- 我们的行动如何与核心价值观保持一致？

  我们的突破性行动基于公开和诚实的沟通。

- 决策背后的动机是什么？

  按时、按预算启动平台，维护工作和客户关系的完整性。

- 作为计划流程的一部分，我们的核心想法是什么？

  先埋头工作，问题会解决的。

- 了解所有情况后，我们需要改变哪些想法？

首先要维护好关系，这样，问题出现时我们能更快地解决。

介绍新模型、新框架和新技能。

- 向小组介绍用哪些视角来审视问题？
  使用沟通工具，如观察—思考—感觉—需要框架。
- 团队需要哪些新技能来弥合差距？
  - 不断提高沟通技巧。
  - 丰富团队讨论。
  - 加强团队领导。

实践技能、策略和行动计划。

- 与团队一起讨论应用程序和方法；在午餐会上分享最佳实践故事。
- 找到创新方法，将技能带到生活中；邀请客户参加每周讨论。

行动起来。

- 运用洞察力和技能。
- 基于证据。
- 寻求反馈。

图 13–1 展示了这个过程。

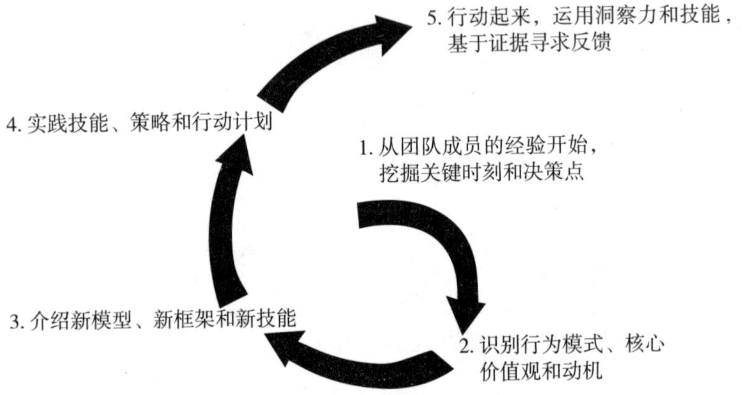

图 13–1　行动后回顾的过程

有很多活动和工具可以帮助领导者构建学习型组织的文化、思维模式和日常实践，这里提供的工具只是一个良好的开端。文化的形成依靠每个人和每个团队的努力，乐队成员参与到演奏中，产生的将是旋律和和声。我鼓励大家再次回顾乐队的原则和价值观，以及本章介绍的活动练习，然后与团队讨论如何展现集体的最佳自我以及需要通过哪些活动来加强练习。

结 语

最后一点想法

欲望是奋进之源，是对实现目标的决心和承诺，对卓越的追求，会使你获得期望的成功。

——马里奥·安德烈蒂

（Mario Andretti）

这本书以成就非凡为中心，提出了各种思想、概念、故事和技巧。我邀请你回到那些你共鸣最深的章节，找到背后的基本原则，然后对照自己的生活，思考如何更好地应用这些原则。就像艺术工作者一样，你需要选择自己的发展道路，领悟自律带来的益处，并努力成为大师。

在前言中，我鼓励你创建学习系统。在最近一次与客户的谈话中，我们讨论了几项具体行动，帮助客户实现总体目标，提高社交技能。在和他交流的过程中，我想到了电影《土拨鼠之日》（*Groundhog Day*）。这部电影讲的是比尔·默瑞（Bill Murray）饰演的名叫菲尔·康纳斯（Phil Connors）的天气预报员，在2月2日"土拨鼠之日"拍摄土拨鼠时，被暴风雪困在了宾夕法尼亚州的庞克瑟托尼。第二天，当菲尔醒来时，他发现自己奇妙地停在了"土拨鼠日"。从此之后，他每天都过着和前一天一模一样的生活，他的闹钟会播放同一首歌，周围新闻公告和一天活动都和前一天别无二致。他还发现周围人没有意识到时间停滞了，没有人知道他们每天都在重复前一天的生活。所以不管在"土拨鼠之日"做了什么选择、干了什么事儿，菲尔的生活都会在第二天重新开始，完全不需要为自己前一天的行为负任何责任。一开始，菲尔沉溺于自私自利的行为，然而，数百次这样做以后，他决定用时间来改善自己和周围人的生活。

我鼓励这位客户也设计一个属于自己的“土拨鼠之日”，并制订每周的行动计划，这样他就可以有意识地练习并努力改善自己与周围人的生活。如果是你，你会如何设计自己的“土拨鼠之日”呢？让我们再一章一章地看看本书讨论过的观点。

在第一章中，我们谈到了我的朋友霍普的成长，她曾是行进乐队的成员，与自己这段经历重新联结后，她找到了自己的标志性姿势以及早期训练给予她的内在力量，通过不断探索自己的生命历程，她终于发现了让自己与众不同的关键所在。

第二章中我们探讨了是否进入了临在状态，并确定了预测是否镇定自若和进入临在状态的因素，我们思考了“职业人”陷阱以及沉着的重要性。我建议读者尝试呼吸练习，每日练习可以培养耐心，并能在压力下保持镇定和积极的状态，这些都有助于培养灵活敏捷的领导力。

第三章中我们讨论了找到自己独特的声音的方法。我们练习了如何走出自己的舒适区，并创造一个让他人茁壮成长的环境。

第四章中我们讨论了世界并不完美的现实，我们认为这是一个值得铭记在心的工具，可以帮助我们将表现力扩展到冲突中。

第五章中我们全面进入了舞台艺术世界，学着扩展我们的身体、情绪和声音范围。我们学会了如何进入临在状态、如何敞开心扉、如何避免力量流失。我们还尝试采用标志性姿态来寻找灵感。我想告诉大家，我很大程度上依赖这些练习让自己符合自己的角色身份，以及让自己保持最佳状态。

第六章中我们练习了改变的艺术，包括从每天都要经历的小时刻到需要改变心态、角色和身份的大转变。我们了解到，若想在生活的所有领域成功地过渡，我们需要反思自己，用“三视角”框架来制订行动计划，每一个出口都是通向别处的入口。

第七章中我们讨论了如何推动领导力之旅进入下一篇章，认识到了触及问题核心的力量。有时候，行为本身和动机可能使我们感觉不适。

第八章中我们深入探讨了联结的艺术。我们了解到联结的层面，联结的三个基本层面分为同道关系、同好关系和业务关系，这三个层面有利于我们提高整体效率，增加贡献。

第九章中我们讨论了很多问题。从成为文化领导者开始，我们充分认识到了故事分享和意义创造的重要性，学会了如何成为真正的故事讲述者。我建议读者试着在日常和战略交流中使用一些故事。

第十章中我们研究了组织内部的影响力和权力来源。我们认为，培养个人权力是我们在他人身上创造持续和激励行动的手段。我们强调比喻和意图的力量，这有助于我们增强自己的影响力。

第十一章中我们认为比喻和各种叙事结构的战略性运用是引领变革的关键工具。我特别赞赏阿米尔使用铃木教学法为组织建立可持续的学习体系的做法，他的成功来自他对自己生活经历的反思。

第十二章中我们共同回顾了几个故事，介绍了准备演讲和进行演讲时的关键性原则，你可以马上运用这些原则进行练习。请记住，出色的演讲“是可行的”。

第十三章中我们将“乐队合奏”作为学习型组织的框架，我希望你去探索舞台即兴表演，去探索如何在团队成员的日常行为、态度中把乐队合奏理念付诸实践。

* * *

修炼领导力，首先要保持卓越心态，而不是完美心态。这要求我们停止与他人比较，因为比较只会导致傲慢、恐惧、焦虑和自我怀疑；学会自律，积极采取行动来取代这些恶意批评；多参与那些磨砺我们头脑、打开我们心扉、增强我们体魄并鼓舞我们精神的活动，致力于发展天赋和才能，学会将它们发挥到最佳，这就是我们表现得与众不同的艺术。

这项工作需要投入和勇气。

我想起了 W. H. 默瑞（W. H. Murray）说过的一句话，它帮助我站起来，走出去，变得更勇敢。

> 一个人做出承诺前的犹豫不决、迟疑退缩都是低效、无效的。所有的主动（和创造）行为都有这样一个基本事实，忽视这个事实会扼杀无数思想和宏伟计划，这个事实就是：一个人一旦做出承诺，天意会帮助他不断前进，各种各样本不该发生

的事会接连发生。做了决定后，一连串他希望发生的不可预见的事件、与期待相见的人的会晤和物质上的帮助会接踵而至，而发生在他面前的事，任何人都无法想象。[1]

以及来自歌德的话。

无论你能做什么或你梦想做什么，重要的是要开始行动，去做。勇气本身蕴含着天赋、力量和魔力。现在就开始吧！

当我们选择做出以下行为时，我们就是在修炼领导力。

- 我们临在且开放。
- 我们沉着，并给予他人全心全意的关注。
- 我们将领导力扩展到经验中。
- 我们学习如何改变。
- 我们用眼睛“倾听”。
- 我们深入问题的核心，并真正与他人建立联结。
- 我们放下警惕，让其他人有机会与我们建立联结。
- 我们放慢节奏，在说话前做呼吸—联结—沉着练习。
- 我们以艺术家的心态，追求卓越，而不是完美。
- 我们的行为友好、大方。
- 我们分享自己的故事，倾听他人的故事。

- 我们渴望成为最好的自己。

我们分享对我们来说重要的东西、我们代表的东西、我们的价值观、我们为之奋斗和献出生命的东西，在这样的时刻，我们能真正敞开心扉，聆听并寻找对他人来说重要的东西，了解他们代表什么、他们重视什么、他们为什么而奋斗，以及为什么这对他们如此重要。

一天结束时，如果你感觉我们一起度过的时间令你一无所获，我希望你坚持以下原则去练习：享受现在；勇敢无畏；展示脆弱性；保持真实；做最好的自己。

附　录

我最喜欢的图片

如你所知，我职业生涯早期是一名表演艺术家。在这段时间里，我非常荣幸能被波士顿最著名的摄影师阿尔 · 费希尔拍摄。以下所有照片均为琳达·费希尔（Linda Fisher）纪念她的丈夫阿尔·费希尔（1933—2009）时献给他的礼物。

“在阿尔对波士顿街头表演艺术家的美丽黑白研究中，”摄影师埃琳 · 斯普林（Elin Spring）在德科多瓦博物馆展览中写道，“他努力摆脱面具，揭示面具下人的核心所在。在这个过程中，他捕捉到了饰演的人物与人本身的微妙的平衡。”(1)

阿尔·费希尔，哑剧，1984 年；1994 年铂钯印制

注：德科多瓦·斯卡普特公园和博物馆收藏，马萨诸塞州，林肯。

阿尔·费希尔，戴水手帽肖像，1984 年；银明胶印

阿尔·费希尔，街头小贩“红鼻子大亨”，1984 年；银明胶印

阿尔·费希尔，“便衣小丑”1984 年；银明胶印

参考文献

第一章

(1) Laura Morgan Roberts et al., "Composing the Reflected Best Self-Portrait: Building Pathways for Becoming Extraordinary in Work Organizations," *Academy of Management Review* 30, no. 4 (October 2005): 712.

(2) Manuela Heberle, "Ideal Self vs. Real Self: Definition & Difference".

(3) Laura Morgan Roberts et al., "Composing the Reflected Best Self-Portrait," 712.

(4) Laura Morgan Roberts et al., "Composing the Reflected Best Self-Portrait," 714.

第二章

(1) Manuela Heberle, "Ideal Self vs. Real Self: Definition & Difference".

(2) Mareo McCracken, "This Neuroscience Trick Will Help You Overcome Any Fear," *Inc.,* accessed January 29, 2018.

第四章

(1) Brené Brown, Daring Greatly: *How the Courage to Be Vulnerable Transforms the Way We Live, Love, Parent, and Lead* (New York: Portfolio Penguin, 2013), 68.

(2) Jerry Seinfeld, "Reddit AMA," accessed April 29, 2018.

第五章

(1) Martha Alderson, "Connecting with Audiences Through Character Emotions," accessed April 28, 2018.

(2) Melinda Wenner, "Tribulations of a Trial," Scientific American 30.301, no. 3, special issue: Understanding Origins (September 2009): 14.

(3) William Shakespeare, Hamlet, Shakespeare Online, accessed April 28, 2018.

第六章

(1) Herminia Ibarra, Act Like a Leader, Think Like a Leader (Boston, Harvard Business Review Press, 2015), 4.

(2) Shunryu Suzuki, Zen Mind, Beginner's Mind (Colorado: Shambhala Publications, 2005), 2.

(3) Robert J. Anderson and William A. Adams. 2016. "Sink or Swim: Setting First-Time Leaders Up for Success." Chief Learning Officer, August 31, 2016.

(4) Interact, Many Leaders Shrink from Straight Talk with Employees, February 2016. Report on online survey conducted by Harris Poll on behalf of Interact.

第七章

(1) Anna Yusim, "The Importance of Authenticity in Acting and in Life," Fit for Broadway, February 21, 2017.

(2) Yusim, "Authenticity."

(3) Yusim, "Authenticity."

(4) Noel Tichy, *The Cycle of Leadership: How Great Leaders Teach Their Companies to Win* (New York: Harper Business, Reprint edition, 2004), 97.

(5) Warren Bennis and Robert J. Thomas, "Crucibles of Leadership." *Harvard Business Review*. Accessed July 28, 2018.

(6) Lakshmi Ramarajan, "Past, Present and Future Research on Multiple Identities:

Toward an Intrapersonal Network Approach," *The Academy of Management Annals* 8:1, 4.

第九章

(1) Warren G. Bennis, On Becoming A Leader. *New York: Basic Books*, 2009.

第十一章

(1) Alison Davis, "To Improve Your Storytelling Skills, Use Abraham Lincoln as Inspiration," February 11, 2018.

(2) Jan Carlzon, Moments of Truth (USA: Ballinger Publishing Company), 8.

(3) Jan Carlzon, *Moments of Truth*, 3.

第十二章

(1) Glenn Croston, "The Thing We Fear More Than Death: Why Predators Are Responsible for Our Fear of Public Speaking," *Psychology Today*, November 29, 2012.

(2) Oprah Winfrey, "Oprah Winfrey Receives Cecil B. DeMille Award at the 2018 Golden Globes," YouTube video, filmed January 7, 2018.

第十三章

(1) Traveling Players, "What Is an Ensemble?" accessed on April 28, 2018.

(2) Traveling Players, "What Is an Ensemble?"

(3) "Core Values," Ensemble Theaters, accessed on April 28, 2018.

(4) Michael Schneider, "Google Spent Two Years Studying 180 Teams. The Most Successful Ones Shared These 5 Traits," July 19, 2017.

结语

(1) William Hutchison Murray, The Scottish Himalayan Expedition (London: J.M. Dent & Sons, 1951), 6–7.

附录

(1) Elin Spring, "'Character Study' @ deCordova," What Will You Remember (blog), May 1, 2013, Blog post references quote from exhibit text at the deCordova Museum in Lincoln, Massachusetts.

致 谢

首先我要感谢弗雷德·格林，他促成了这本书的出版，是他介绍我认识了文学经纪人肯·利佐特，感谢肯认可这个故事的价值，他巧妙地引导我完成了这本书的策划工作，并兑现了他的承诺。肯，你一直都是我的支持者，我在等你用香槟酒庆祝本书出版。感谢麦格劳－希尔的谢里尔·林格，与她的通话十分绝妙。得知我曾经是纽约踢踏舞演员，她马上告诉我，这段经历和这本书要阐述的概念有深刻的联系。感谢你赞同我的看法，使这本书得以出版。

我的编辑团队无人能及。感谢谢里尔·林格的严格指导，感谢埃莱娜·彼得里科内始终如一做我信赖的合作伙伴。感谢我的妻子，帕梅拉·赖斯，她在关键章节的编辑工作中贡献了她敏锐的眼力、创造力和智慧。特别感谢马克·泽根慷慨地分享了他对这本书每一章、每一节令人鼓舞的、真实卓越的见解。感谢马克，感谢你在正确的时间出现，并直奔问题核心！

感谢格洛丽亚·舒克对我工作的信任。

感谢黛比·布罗姆利，感谢你邀请我参与“基于舞台表演方法构建故事讲述技巧”的研究。

感谢博比·马厄，你是我工作的支持者，也是这本书的支持者。

感谢迈克·菲廖洛和迈克尔·罗宾斯的支持与指导。

感谢德博拉·安科纳为我进入麻省理工学院领导力中心执行教练团队打开大门。我从麻省理工学院的同事以及我教练过的客户那里学到了很多东西，这是一个互惠互利、共同成长的过程，这段经历也给这本书奠定了坚实的基础。

感谢所有的客户，书中的许多故事都来自你们。感谢所有曾经为我铺平道路、打开大门、邀请我合作、激励我找到自己独特声音的人。

关于作者

罗布·萨拉菲亚凭借自己20多年来高级领导力教练的经历，结合过往在艺术表演领域的杰出经验，全情投入商界领导力教练工作，旨在培养领导者的表现力、故事讲述能力及建立真正联结的能力。

过去，作为表演艺术家的罗布穿行于世界各地，表演独特的、包括各种艺术形式的单人综艺节目。这种演出的核心在于与观众建立联结，向他们投射温暖、自信和轻松的感觉，这种方法同样贯穿他当前的工作。如今，作为领导力教练，罗布的工作是帮助管理人员在其领导角色中使用这种演出技巧。他从这份工作中获得了极大的满足。

作为广受欢迎的主题演讲者，在领导力会议及公司其他活动中，罗布喜欢运用他的技能，围绕学习和商业主题来激发听众。

罗布也是麻省理工学院斯隆管理学院高管教育项目讲师，也是麻省理工学院领导力中心首席执行教练，他与哈佛商学院建立了持久的合作关系，将体验式课程与哈佛工商管理硕士课程及高管教育领导力课程相结合，为数千位全球领导者提供服务。

作为伙伴和研讨会主持人，罗布曾与多家《财富》500 强企业合作，如 Digitas、帝亚吉欧、Sapient 咨询公司、NN Group、美国运通公司和麦德龙集团等。他拥有波士顿大学组织政策硕士学位和威廉·詹姆斯学院领导力教练证书。

版权声明

Rob Salafia

Leading from your best self: develop executive poise,presence,and influence to maximize your potential

ISBN: 978-1-260-13217-5

北京市版权局著作权合同登记号：01–2019–3826